孙浩◎著

劳本归劳动者的全要素所有制

走出公有制迷信的误区之二

中国发展出版社

CHINA DEVELOPMENT PRESS

图书在版编目（CIP）数据

劳本归劳动者的全要素所有制：走出公有制迷信的误区之二/孙浩著. —北京：中国发展出版社，2013. 1

ISBN 978-7-80234-869-1

I. 劳… Ⅱ. 孙… Ⅲ. 社会主义公有制—研究 Ⅳ. F042. 2

中国版本图书馆 CIP 数据核字（2012）第 291069 号

书　　　名：劳本归劳动者的全要素所有制：走出公有制迷信的误区之二
著作责任者：孙浩
出 版 发 行：中国发展出版社
　　　　　　（北京市西城区百万庄大街 16 号 8 层 100037）
标 准 书 号：ISBN 978-7-80234-869-1
经 销 者：各地新华书店
印 刷 者：北京科信印刷有限公司
开　　　本：670mm×990mm　1/16
印　　　张：12. 5
字　　　数：150 千字
版　　　次：2013 年 1 月第 1 版
印　　　次：2013 年 1 月第 1 次印刷
定　　　价：30. 00 元

联 系 电 话：(010) 68990630　68990692
购 书 热 线：(010) 68990682　68990686
网　　　址：http：//www. develpress. com. cn
电 子 邮 件：bianjibu16@ vip. sohu. com

目录

第十章 按劳分配的虚假性与要素收入的正当性

后 记

序言

当代中国的事情还得从马克思说起

现如今，马克思早已经不时髦了，连批判马克思也已经不时髦了。在各种媒体上，时不时可以见到对马克思的各种各样的批评或批判，这已经是国内思想理论界的一种常态。这固然说明现在的言路已经开放了许多，不会动辄打棍子扣帽子了，是社会进步的表现。但笔者所见现在对马克思的批评，大体有三种情况。

一种是把一百多年来国际共产主义运动和社会主义实践中一些在马克思主义旗号下所做的事情归于马克思，然后进行批判。

一种是把传统意识形态对马克思主义的宣传当作马克思，然后进行批判。

还有一种是按照自己的理解去对马克思进行批判。

坦率地讲，以上三种情况中，真知灼见不多。这些情况经常使我想起马克思在自己晚年所说的那句话：我只知道我自己并不是马克思主义者。这当然是马克思晚年的一句十分重要的话。笔者一直认为其重要性几乎可以相当于马克思的政治遗言。由于可以想见的原因，这句话虽然重要，但并不怎么流传，倒是恩格斯在马克思去世多年之后，又一再重提这句话，这是值得我们思考的。

其实不谈马克思才是今天的时髦，而谈马克思好像就有点落伍。但是当代中国的事情不谈马克思行吗？我们是以意识形态立党立国的。只是由于马克思，我们才知道了无产阶级革命，才知道了要推翻资本主义，建立社会主义社会。当然，我们是通过苏联这个中介物才知道马克思的，我们最初接受的是苏式的马克思。中国共产党领导的社会革命成功之后，我们仿照苏联的模式建立了无产阶级专政的政治制度和公有制的经济制度。因此，社会主义社会的一个特征是它并不是前一个或者说旧有的社会形态自然演变的结果，而是一批志士仁人以政权力量为后盾，秉持公平、正义的理念建立起来的，而马克思或者说我们所以为的马克思就是我们社会主义政治制度和经济制度的蓝图。

上个世纪的 80 年代末、90 年代初，苏联和东欧的社会主义制度相继瓦解，不少人认为这是人类历史上社会主义的终结。但恰恰是在这之后的二十多年里，中国取得了对全世界都有重大影响的空前发展。其中的一个重要原因，是中国共产党敢于和善于对自己缔造的共和国大厦不断进行改建和改装，使之能够适应变化了的情况。回想苏联勃列日涅夫时期，明明帝国大厦已经百弊丛生，但却拒绝改造，宁愿困守愁城。到了戈尔巴乔夫时代，已经是不改不行了，这位倒是敢改。但是经历了买房潮的中国人如今都知道要对房屋进行装修或改造，一定要看原先的设计图纸，否则就可能出问题。戈尔巴乔夫大概就是没有好好研究原来的设计图，结果挖了承重墙，楼垮掉了。一地瓦砾，打扫了好多年。

人们在处理一些社会积弊的时候经常采用的一个方法就是回到原点。事情看似错综复杂，理不出头绪，这时往往就要回到源头，看看事情的起因是什么，开始是怎样的，怎么会变成今天这个样子，在哪里出的问题，从而理清脉络，明确朝哪个方向去解决，从哪里着手去解决。这就是我们今天依然要谈马克思的意义。今天的中国其实已经走到一个重要的历史关口，改建或改装的任务十分艰巨而紧迫，而相关者的犹豫和踌躇似超过以往。其实今天之中国不但处在一个和平发展的历史机遇期，而且也处在一个自我更新和自我完善的历史机遇期，但是这个双重的历史机遇期会不会突然终止难以获得单向的判断。抓紧时机十分重要。而勃列日涅夫和戈尔巴乔夫都非今日中国之需。既然是以意识形态立国的，那么马克思那里在今天有哪些依然具有正义性和合理性就是立国之本，而哪些需要调整的也就成为改建改装的方向。把几十年来误读的地方弄清楚是这二者的共同前提或基础。

不少人都见过城市路边的咪表，即一种计时收取停车费的智能设备。美国城市道路上的几百万台咪表很多已经安装了有五六十年甚至更长的时间，有的外壳已经锈迹斑斑。由于 IT 技术的发展，现在美国的咪表在大规模升级更新，但是他们仍保留外壳，只换机芯，这给新机芯的设计制造带来很大的难度。世界头号强国和富国如此节约令人意外。而我们一些城市有的盖好才十年的楼不想要了就一炸了之，重新再盖。炸掉重盖的成本多高啊，怎么能如此不计成本呢？改建改装怎么也比炸掉重盖要好。所以今天中国如果不谈马克思，其害处至少相当于只谈马克思。

本书的宗旨在于试图重建社会主义的所有制理论。这是现实的需求，而且在三十多年前改革开放刚起步的时候，这个需求就已经产生了。其实改革每前进一步都包含着社会主义所有制理论的更新，只是至今仍不彻底、没有到位，所以仍然不断受到传统社会主义所有制理论的困扰。很长时期里我们理所当然地认为自己奉行的社会主义的所有制理论就是马克思，但其实这里面存在着严重的误读。所以，本书从马克思说起，但不止于马克思，而且还对长期以来误读甚至漏读的方面进行了分析。笔者认为本书所强调的以下观点是有积极的现实意义的。

第一，马克思恩格斯在《共产党宣言》中主张消灭的私有制是特指资产阶级的私有制，而不是一切私有制。宣言中说共产主义并不剥夺任何人占有社会产品的权利。也就是说，马克思恩格斯的未来社会其实承认私人的财产权利。

第二，生产资料所有制只是所有制在人类社会特定历史阶段的暂时形式，把生产资料所有制视为所有制唯一的永恒的形式是错误的。而且只要是生产资料所有制，无论公有私有就都会是劳动者异己的所有制。因此，公有制不是社会主义所有制的完成形态。

第三，马克思所说的在共同占有生产资料基础上重建的个人所有制才是社会主义所有制的完成形态。重建的个人所有制是马克思社会主义所有制理论的精髓，有着重大的现实意义，但我们至今没有破题。

第四，要素财产权利、物本、劳本和全要素所有制是重建社会主义所有制理论的几个基本范畴，劳动者持有劳本的全要素所有制才是目前条件下重建个人所有制的完成。

本书副题为"走出公有制迷信的误区之二"，是因为 2011 年本人在中国发展出版社出版了《走出公有制迷信的误区》，当时这本书就对传统的社会主义所有制理论进行了全面的质疑，认为只要破除迷信，走出误区，其实不难看出传统社会主义所有制理论难以得到社会现实的支持。所谓只有公有制才能适应社会化大生产的发展等被我们奉为社会发展规律的理论，其实不能成立，把灭私当作社会主义公有制的历史使命更是只能将社会主义引入歧途。而目前手上的这本书可以认为是上一本书的续篇，书中认为，作为人类生产的社会形式，所有制的真谛是参与生产过程的生产要素财产权利的相互关系。由于生产资料和劳动力是任何一个时代社会生产必不可少的生产要素，因此所有制也就是生产资料要素财产权利与劳动力要素财产权利的相互关系。顺着这样一个思路脉络去分析，才能理解马克思的重建个人所有制的真正含义，才能理解社会主义所有制的真正使命是消灭雇佣劳动，让劳动者实现自己劳动的所有权。

所有制的改革是新的历史时期深化改革不容忽视或回避的历史

任务。如果能够通过改革，使我国现阶段已经存在的多种所有制都改进完善为劳动者持有劳本的全要素所有制，定能最大限度地凝聚基本群众对改革的共识，改革将重新成为广大劳动者的盛大节日。

我热烈地期盼劳动者持有劳本的全要素所有制会逐渐成为中国的现实，那才将是真正的中国特色。

有志者竟行之。

是为序。

第一章

传统社会主义所有制
理论的终结

我们是社会主义国家，在上层建筑、经济基础、社会生活等各个领域自有其不同于其他社会形态的特征。从经济领域来讲，最体现社会主义特征的当然就是生产关系了。与其他社会形态中生产关系的发展不同，社会主义的生产关系并不是从旧的经济形态中自然生长出来的，而是经过无产阶级革命，运用政权的力量建立起来的。事先有理念、有设想、有模式。从苏联算起，社会主义生产关系的实践已经有了近百年的历史，我国也已经有了六十多年的实践和探索，特别是三十多年来的改革开放提供了极其宝贵的经验和参照，这就使得我们有可能对传统的社会主义生产关系特别是相关的所有制理论作一个客观清晰的评价。

▶ 一、传统社会主义所有制理论的由来

社会主义的所有制理论当然来源于马克思。马克思所处的时代，西方主要国家资本的原始积累已经完成，大机器生产方式的普遍采用使得工业资本主义的社会生产力迅速发展。这时候资本主义的经济危机已经成为一种周期性的现象。马克思用生产的社会化与生产资料的私人占有的矛盾冲突来解释危机，经线性推理得出私有制必定灭亡，未来社会必定是全社会的生产资料公有制的结论或预言。当然，那个时代的欧文等空想社会主义者创办合作工厂等社会实验肯

定也为马克思提供了参照。应当指出的是，马克思包括恩格斯仅仅对未来社会指出了公有制的设想，至于这个公有制采取何种具体形式，如何实现全社会来占有生产资料包括如何管理等等并没有作更多的说明。按照他们自己唯物主义的历史观，是坚决反对去具体勾画未来社会的框架的。

所以马克思恩格斯只是提出若干设想而并没有建立或完成社会主义的所有制理论，把我们后来奉行的社会主义所有制理论说成是马克思的，如果马克思自己能够表达，没有把握他会同意。应该注意的是，马克思的公有制设想以未来社会已经不存在商品生产为重要条件。此外，马克思又把这个公有制称为重新建立的个人所有制。笔者认为这也许是马克思对未来社会的生产关系所提供的最最宝贵而且至今仍有十分重大意义的理论贡献。

十月革命之后，到斯大林时期，社会主义的所有制已经模式化，这就是城市经济的所谓全民所有制、其实是国家所有制，以及农村集体农庄的集体所有制，简称为两种公有制。这就是社会主义国家的全部社会主义生产关系，两种公有制并存被解释为社会主义依然存在商品经济的原因。

1949 年新中国成立之后，我们基本上是依照苏联的模式来建立我们的社会主义生产关系的。当然由于国情不同，在具体做法和实施步骤上会有自身不同的特点。基本趋势是从建国初期或第一个五年计划期间所存在的多种所有制形式逐步演变成特别是文革期间左的路线的加剧而导致基本上只剩下两种公有制形式。农村是三级所有的人民公社集体经济，城市是国营企业和集体所有制企业，原先城乡间还残存的一点个体所有制也基本消灭光了。

所以，我们的传统社会主义所有制理论，虽然说是遵循的马克思主义，其实更多地却是来自苏联斯大林时期的模式。可以在理论上简单概括为社会生产力的发展，必然导致资本主义灭亡而由社会主义取而代之，社会化大生产所要求的生产关系必然是公有制，但由于城乡间生产社会化程度的差别，只能是两种公有制并存，即城市经济中所谓全民所有的国家所有制以及农村经济的集体所有制。而随着生产力水平的提高，最终将过渡为全社会单一的公有制。确实，这是一个不断共产的过程。

社会主义的所有制理论被认为是在实施中创造出来的，而它又成为革命政党进行社会主义制度建设和经济建设的指导思想。历史的风风雨雨就是这样走过来的，在很长的时期里，这套理论被奉为真理。其实，我们所取得的成绩以及我们所经历的曲折都与这套理论直接相关。

▶ 二、生产力的物质技术水平并不能直接决定生产关系

马克思作为一个革命的思想家，用大机器的物质生产力与资本主义私人占有方式的矛盾不可调和来论证资本主义必然灭亡，社会主义必然取代资本主义。这样，社会主义应当是公有制的生产关系就成为这一逻辑的必然。但是如果把一个革命的学说直接等同于经济学的原理，可能就过于简单化了。在人类社会的各个历史时期，很难找到一种物质技术属性的生产力就只能对应一种生产关系的状况。在人类社会的各个历史阶段，虽然都有某种主导性的社会生产关系或所有制，但也一直是多种所有制并存的。也许早期的原始社会，由于生产力十分低下，没有任何剩余，连部落之间的战争抓来俘虏都要杀了吃掉，那时的所有制倒是单一的氏族或部落的所有制，而那恰恰被我们称为公有制。由此观之，公有制是社会化生产力高度发达之后

的必然产物——这个被我们奉为经典的论断其实不符合事实。因为低下的生产力就可以甚至只能是公有制，奴隶社会及封建社会的朝廷经济也可以视为那种社会形态中的国有经济或者说公有制。当今世界的各种社会形态或社会制度的国家中，也几乎都存在国有经济，那也可称为是各种各样的公有制。因为我们的所谓全民所有的公有制，也不过只是国家所有制。这也附带说明了把公有制当作社会主义生产关系最重要的标记或特征可能过于表象，社会主义生产关系的本质未必集中体现为公有制。关于这一点，正是本书在逐步展开的过程中将要着重加以说明的。

以为一定物质技术特征或一定发展水平的生产力与一定形式的生产关系存着对应关系或者说存在决定与被决定的关系，这是认识上的一种误区。因为这种对应关系是不成立的。生产力会是生产关系的形成因素，但却不一定是决定因素，更加不会是唯一因素。工业化完成之前，几千年人类社会的农业生产力基本停留在畜力和手工工具上，但却经历了奴隶制、封建庄园、个体农民等所有制形式，农业生产力并没有质的变化。1949 年的新中国其实也是个农业国，在同样的生产力基础上，我们的农业经济却可以搞成公有制的集体经济。在人民公社体制下，几十个农民在大田里一字排开，一人一把锄头朝前抡。这种集体化其实就是单干的相加，因为这些人之间并没有形成分工协作关系。而在美国的私人农庄，庄园主开着大型农业机械在一望无际的农田或牧场上疾驰，但这却是个体所有制。

所以社会主义生产关系的历史必然性未必存在于生产力因素之中。由个别推举到一般，任何一种社会生产关系的形成都不能简单归结于生产力。固然任何一种生产关系都会建立在一定生产力的物质基础上，但在这基础上的生产关系之所以形成为某种形式或属性，是由其他因素作用的结果。是到了应当告别那些不符合实际反使自己受困的理论的时候了。

⟫ 三、社会主义的公有制其实并不需要建立在消灭一切私有制的基础上

马克思所处的时代，社会资本正在加速集中，大量的小生产与中小资本破产，纷纷沦为产业工人。马克思对这种趋势作逻辑推理，大资本将把整个社会的其他财产剥夺殆尽，这样，社会主义革命只要把大资本没收交由全社会来管理，公有制的生产关系就建立起来了。当然在这样对于未来社会的设想中，公有制之外的其他所有制形式自然是不存在的，因为在这之前大资本已经完成了剥夺。

但是在资本主义社会的现实生活中，资本的集中与分散是同一进程的两个方面，在任何发展阶段大资本也并没有真的把中小资本消灭光。从 19 世纪以来，西方主要资本主义国家中大资本固然越来越大，但也始终存在着大量的中小资本，甚至存在着大量的个体劳动与经营，至今依然如此。这些不同主体的所有制虽然也不断发生和经历着分分合合、生生死死的变化，但总体的共存格局并没有发生变化。

新中国的社会主义生产关系是在没收官僚资本的基础上建立起来的（俄国十月革命之后的公有制生产关系大概也是这样开头的），作为一个夺取政权之后的经济举措，应该说具备历史的正义性。但对于非敌对势力的中小资本，亦即我们所称的民族资本，显然不能采取没收的办法。受公有制就是要消灭私有制这一其实不是来自于马克思而是来自于苏联的理念的驱使，我们用赎买的方式对民族资本主义工商业进行了社会主义改造，使之变成了公有制。这样做至少在形式上，使之具备了合法性。而对于个体经济尤其是个体农民，我们采

取的是集体化的方式，既没有没收也没有赎买，虽然这个过程必然存在局部的抵触和反抗，有的甚至采取了激烈的形式。这样做了之后，社会主义在一个时期里真的消灭了私有制，成为了公有制的一统天下了。但这样做并没有像预先想象的那样促进了生产力的发展，相反在上世纪六七十年代我们却丧失了后发国家跃起的历史机遇（我们后来把这归因于文革的干扰，其实生产关系的失调也是一个重要原因）。执政党的十一届三中全会以后的三十多年里，政策逐步放开，目前又再现了多种所有制并存的局面，这只不过是恢复了一个正常社会本来必然呈现的正常状态，其积极效果是有目共睹的。当然，这一过程并没有完成，还有许多工作要做。

但是本来是具有巨大正面性的事情在许多人的心里却存有挥之不去的疑虑甚至是巨大的歧见。这是因为以意识形态立国的我们，"社会主义就是要消灭私有制"这一不准确的理念实在根深蒂固。而这又与我们长期以来断章取义地生吞活剥《共产党宣言》有极大的关系。很多人知道马克思恩格斯在《共产党宣言》中指出："共产党人可以用一句话把自己的理论概括起来，消灭私有制。"采取语录式学习方法的人可以把这句话倒背如流，却不明白马克思恩格斯之所以这样概括，是用逻辑推理的方式来论证当时资本主义社会资本加速集中的趋势终将把社会其他所有制形式剥夺干净，所以社会主义革命只需要消灭这个仅剩的资本主义私有制就大功告成了。正因为如此，作为学者的马克思恩格斯十分严谨地在这一论断前面加上了"从这个意义上说"这一限制条件。而且在这篇宣言中他们又多次反复强调"共产主义的特征并不是要废除一般的所有制，而是要废除资产阶级的所有制"，"这并不是把个人财产变为社会财产"，"共产主义并不剥夺任何人占有社会产品的权力，它只剥夺用这种占有去奴役他人劳动的权力"。马克思恩格斯还特别对大资本说道："你们一听到我们要消灭私有制就惊慌起来。但是在你们现存的社会里，私有财产对十分之九的成员来说已经被消灭了；这种私有制之所以存在，正是因为私有财产对十分之九的社会成员来说已经不存在。可见，你们责备我们，原来是说我们要消灭那种以社会上的绝大多数人没有财产为必要条件的所有制"（以上引文均来自《共产党宣言》）。这段话中至少在策略上包含这样的用意：唤起被大资本剥夺而破了产的中小资本和个体劳动者，其实也就是正在形成并不断扩大的雇佣劳动大军来支持社会主义革命，替这些人发出要回财产的呐喊。

因此，以为社会主义公有制就是要以消灭一切形式的私有制为自身的目标或使命，这样的理解并不精准，而且无条件地把公有制与私有制视为对立的两极更是会引起有害的结果。社会主义生产关系的真正使命是消灭雇佣劳动。资本主义私有制之所以成为社会主义革命的对象那是因为这种所有制把雇佣劳动推到了无以复加的地步。但是并不是一切私有制都与雇佣劳动有必然联系，对于这一点，随后还会有更加详尽的分析。

改革开放已经在我国的经济生活中形成了多种所有制并存的大好局面，这在一定意义上可以说是被取缔了的私有制又恢复了自身的存在（当然不仅仅是如此，而且新产生的私营经济与过去的已经有了很大的不同），但是如何处理不同所有制的相互联系，传统的社会主义所有制理论却提供不出正确的指导。我们现在是搞市场经济，而商品是天生的平等派，因此不同所有制既然都是市场主体，他们的相互关系就应该是平等的。但是由于传统理论认为只有公有制才是社会主义，而非公经济不属于社会主义，这种理论至今并未得到彻底的清理，因此我们至今仍以经济成分来划分和确定市场地位。这是左的余毒没有肃清在经济领域中最集中的体现。现在用人已经不讲出身成分了，而企业的市场地位却要由经济成分来决定，这样一种唯成分论十分荒谬。国外一些人至今仍质疑我们是否实行真正的市场经济，不能说没有一点道理。

　　社会主义如果奉行单一的公有制生产关系只会导致社会危机日益加深，这已经成为不可更改的历史教训。而当今的社会主义必须实行多种所有制并存，这也已经成为全社会的共识。但是在并存的多种所有制形式中，是否只有公有制才属于社会主义的生产关系，而其他非公经济究竟是社会主义生产关系的同质因素还是异质因素？它们究竟是社会主义生产关系的组成部分，还是作为异质因素仅仅存在于这个社会而已？传统的社会主义所有制理论更加无力回答这一现实提问。也许正是这种困惑导致了一些人重拾新民主主义理论。用新民主主义理论来解释当今中国的崭新现象，即使不说是开历史倒车，其难以自圆其说也是显而易见的。其一，新民主主义理论是把非公经济定性为非社会主义因素的，今天这样来看待改革开放中创新出来的民营经济，不具备正面的理论价值。其二，既然把多种所有制并存视为新民主主义社会阶段的特征，那今后是否依然要搞社会主义改造？这是今天重提新民主主义必然产生的致命缺陷。我们对农民可以说三十年不变，又一个三十年不变，我们对港澳一国两制可以说一百年不变，而我们对民营经济今后是否要搞社会主义改造至今没有一个明确的回答。而对这个问题的回答已经不能再拖延了。现实生活中，地方政府打着各种宏大旗号对民企进行变相的社会主义改造不断在发生，而成功人士向海外移民或转移财产也是络绎不绝。只有抛弃社会主义生产关系的公私对立论才有可能获得这个问题的解决。

◉ 四、国家所有制与全民所有制的非等同性

　　在《共产党宣言》中，马克思恩格斯设想无产阶级夺取政权之

后，要运用国家的力量剥夺剥夺者，然后将生产资料交由全社会使用。但他们从来没有想象过社会主义的公有制长期凝固在国家所有制的形式上。传统的社会主义所有制理论在全体人民采取什么形式、通过什么途径或方法实现自身公有生产资料的所有权上是缺乏建设性的，只有对现状的解释和说明。苏联搞了国家所有制，我们也沿袭这种国家所有制，我们说国家所有制就是全民所有制。而且我们的国家所有制是由政府来直接领导和管理的，中央政府管理央企，地方政府再领导和管理自己所辖下的所谓国有企业。因此，我们国家全民所有制的公有制实际上是这样的一个逻辑：国家＝各级政府＝全体人民。无论从哪一个角度来看，这样的等式都是不能成立的，其中任何一个环节都有可能导致严重的异化。

从严格的意义上来讲，我国目前作为公有制的经济实体究竟是不是国家所有制都是值得怀疑的。在目前称为国有制的经济体系中，也许只有央企才能勉强称得上是比较贴切的国家所有制。首先是因为央企的个子大，确实在全国范围内垄断了某个产业部门的要素资源与市场，称得上是全社会范围的占有；其次其直属中央政府，而中央政府是代行国家社会管理职能的。当然央企是否真正能体现国家利益是另当别论的。至于其余的所谓国企，他们只占有局部区域的某些生产要素，而且隶属于地方政府，并不具备全社会的属性。把这样的企业也称为国家所有制是根本讲不通的，因为地方所属的企业在所有权上与中央政府或央企并没有隶属关系。而我们的理论作这样含糊的概括却没有不安的感觉。也许"公营经济"的提法才是对这类所谓国企的稍微贴近实际一点的概括。

至于把这样十分勉强的所谓国家所有制说成就是全民所有制就更加经不起实践的检验了。改革开放以来，无论是央企还是地方所属企业，都已经成为独立面对市场的商品生产者了，这对于发展市场经济是必要的，但要说这样的企业依然在代表国家利益甚至全民利益已经不会有人相信了。因为在市场条件下，如果企业不把自身利益当作市场竞争的最高追逐，那么这个企业就很难生存。而要把企业利益和国家利益、全民利益直接相等，这样的情况也许只存在于理想国中。

所以总结我国六十多年来社会主义生产关系建设的历史实践，再联系其他曾经的社会主义国家的相关实践，应该可以使我们很清醒而明确的认识到，社会主义的所有制中可以有国家所有制，可以有公营经济，但却不会有真正的全民所有制。像马克思所说的全体劳动者共同占有生产资料联合劳动的这样一种所有制在现实社会中是创造不出来的。现代技术基础上的社会化大生产当然要求生产资料的社会集中使用，国家所有制是可以实现这种社会集中的。但是把国家所有直接等同为全民所有，这只是意识形态的判断和立论，与实际情况完全不符。事实是有关公共生产资料的一切支配全部集中表现为国家机关的权利，人民对此完全无权。传统社会主义所有制理论最大的不真实性就表现在这里。这种不真实的理论很难有鲜活的生命力。

◎ 五、区别传统社会主义所有制理论的社会主义初级阶段理论

改革开放的大潮冲破了公有制的一统天下，多种经济成分的发展迅速成为不可阻挡的历史潮流，为了顺应这一潮流并能主导今后的发展格局，中国共产党第十三次全国代表大会提出了社会主义初级阶段的理论。初级阶段理论的提出实际上意味着对传统社会主义

所有制理论的告别。如前所述，过去我们虽然给这个理论贴上马克思主义的标签，但其实与马克思的关系并不太大。

社会主义初级阶段理论最大的贡献在于肯定了当前以及今后一个相当长的历史阶段里，社会主义必然存在多种经济成分。这就解构了社会主义是公有制一统天下的苏联模式。由于打破了禁忌，多种所有制的发展即成燎原之势。初级阶段理论还肯定了私营经济存在和发展的必要性和正面性，甚至认为包含私营经济的非公有制的其他经济成分，不是发展得太多了，而是还很不够。在当时的历史条件下，初级阶段理论对私营经济的评价是比较中肯的，一方面指出其存在着雇佣劳动关系，但另一方面又强调指出了社会主义条件下的私营经济是同占优势地位的公有制经济相联系的，并且受到公有制经济的巨大影响。这实际上是说在改革开放背景中产生的私营经济与旧时代的私营经济是有本质不同的。这样的概括具有极高的理论价值。

初级阶段理论还指出了传统公有制改造的问题，指出全民所有制企业不宜于由国家直接经营。当时改革的思路，主要是所有权与经营权的分离，同时也指出了要创造公有制的多种形式。

当然现在回过头来看，初级阶段理论刚提出来时，其经济方面的内容不算很丰富，这是由当时的历史条件所决定的，实践所能提出来解读的信息并不多，理论也难以凭空创造。但从告别传统社会主义所有制理论来讲，已经实现了重大突破。

历史的进步与历史的局限往往是并存的，理论的发展也会采取渐进的形式。现在看来，初级阶段理论对传统社会主义所有制理论的告别仍不彻底，像刚刚羽化的蝶，虽然已经破茧而出，但躯体与旧壳仍有粘连。

第一，依然是以生产力的发展水平为依据来谈论多种所有制发展的必然性。在当时的历史条件下，如此立论的可取之处在于易为人们所理解和接受。因为马克思所设想的社会主义社会是建立在比资本主义更为发达的社会生产力基础之上的，而中国则是在资本主义还十分幼小，整个社会的经济形态还十分落后的情况下就直接建立了社会主义社会。因此当前的发展多种所有制形式好像是在调整生产力与生产关系不相适应的状态，有点像是补课，或者是重新来过的意思，总之尚可以用旧的理论武器和理论逻辑来解释今天行为的合理性。至少从策略上来讲，能够赢得大多数人的认可。但几十年过去了再来总结，一个社会的生产关系或者说所有制问题，归根结底是一个财产权利的问题，虽然这个问题不能说与生产力及其发展水平没有关系，但生产力与生产关系二者之间并不是互为因果的关系。

　　第二，既然是从与生产力发展水平相适应来谈论发展多种所有制形式的必要性，这在无形中等于预设了一个陷阱：即将来生产力发展了，生产力水平提高了，多种所有制是否还有存在的必要性与合法性？这是一个十分敏感的问题。在当时的条件下，这个问题可以暂时搁置，目的是要尽快地干起来。所以这种解释有利于促成多种所有制形式的发展，今后怎样今后再说。但是以生产力原因来解释多种所有制的发展这样一种理论选择客观上有某种中性特征，既可以此为由来加快多种所有制形式的发展，也可以反过来以促进或适应生产力发展为由对所有制进行整合。如果这个问题在当时不至于发生，那么在二十多年后的今天，却已经变得日益尖锐。各级政府以及政府官员动不动就向民企开刀，不用承担任何法律责任，而他们这样做都是打着发展社会生产的旗号。这个问题也许是初级阶段理论最大的不足，它使得人们有可能与传统的社会主义所有制理论重逢，从而消解改革开放的巨大成果。

　　第三，初级阶段理论对国有企业的改革或者说对于全民所有的国家所有制的改革与发展方向没有形成完整的指导思想。当然，这个问题到今天也还没有完全解决。当时只是从发展商品经济的需要出发，提出了国有企业的所有权与经营权的分离，从而赋予企业以经营活力。两权分离指导方针启动了国有企业的改革，是国有企业改革的第一动力，这是这一方针的巨大历史贡献。但正如三级火箭才能把卫星送上太空一样，第一动力之后的推进器或推进方向在那里一直缺乏明确的选择，以至于当前的国有企业处在了一个严重变形的状态。和那些自满自足的人的看法不同，笔者认为目前的国有经济如不下大决心解决相关的问题，将来的麻烦会很大。

第四，初级阶段理论对私营经济（如今称为民企或民营经济）作出了与社会主义公有制生产关系相联系的积极评价，使它获得了生存与发展的合法性。但同时又指出其存在雇佣劳动关系。这个概括虽然符合事实，但也留下了悬疑。首先，对社会主义条件下存在的雇佣劳动关系缺乏全面的把握，其实这不是民企独有的现象。其次，既然民企存在雇佣劳动关系，那么应该给予什么样的政策待遇和政策指引呢？当然在当时的历史条件下，讨论或解决这一问题的时机尚未成熟。其后执政党对民企作用和地位的肯定越来越高，但却依然没有触碰这一敏感问题，这样就导致了两种倾向。一是将民企合法视为雇佣劳动合法，认为搞市场经济必然如此，甚至认为允许民企发展就等同于新民主主义的允许剥削，忘记了社会主义的宗旨。二是因为民企存在雇佣劳动关系就将其入另册，使民企在市场经济中一直难以获得与公有制经济平等的地位。更有甚者这成为了一些人认为民企有原罪因而对其进行社会主义改造的依据。这两种倾向在现实生活中都存在，虽然其方向相反，但却有一个共同点：均沿用传统的所有制理论，看不到民企在所有制上自我完善的途径。

▶ 六、创新社会主义的所有制理论是时代的要求

如前所述，处在前社会主义的马克思并没有提出完整的社会主义所有制的设想和理论，是苏联的实践搞出了一个所谓的社会主义所有制的模式和相应的理论说明。从建国初期到文革，我们基本上是照搬这一模式，到 50 年代中后期还有了人民公社等自己的创造。对这一段历史实践，有正面的评价，也有负面的评价。但总的来讲，这种模式并不能带来社会主义的健康发展与长治久安。在这种模式的控制下，广大劳动者并没有真正获得经济上的解放，即使从物质层面上来讲，也长期处于短缺的痛苦之中。

由马克思开启的人类社会的社会主义运动由于苏联模式而逐渐丧失活力，停滞不前甚至潜伏巨大的危机并最终爆发。而我国的改革开放从国际背景来观察，实际上是社会主义运动在危机困境中的转型与重新出发。初级阶段理论就是这一伟大实践的思想理论反映，而发展多种经济成分则是初级阶段理论的重要组成部分。三十多年来，我国的经济发展之所以取得了举世瞩目的伟大成就，发展多种经济成分和经济形式是一个重要原因。如今除了部分重要产业领域为国企垄断之外，民营经济实际上正在逐步成为国民经济的主力。即使是公有制企业本身，情况也已经发生了很大的变化，很多国企的股本结构中已经吸收引入了民资与外资，实际上已经是混合所有制了，真正国有独资的企业已经不多。

但是如何看待我国目前多种所有制并存的局面，这是一种正常

的健康的现象还是不正常不健康的现象？是今后长期存在的现象还是暂时的权宜之计？在所有制问题上如何进一步深化改革？各种所有制形式各自面临的问题是什么？他们之间的相互关系和发展前途又该如何？这些都是我国改革开放事业深入发展必须要回答的问题，而且具有紧迫性和相当程度的尖锐性。传统的社会主义所有制理论根本回答不了这些现实问题，而初级阶段理论对这些问题的回答也只是开了一个头。二十多年来实践之丰富已经大大超越了这一理论初创时的局面。当然，习惯于意识形态考量的人会对我国多种所有制并存的局面提出姓社姓资的诘问，不过他们的依据依然是旧的理论体系。一位前人说过这样的话，理论是灰色的，而生活之树常青。这句话是值得赞赏的。用观念来评判和剪裁生活的人只是隔着玻璃窗在看生活。实践已经大大突破了历史的局限，创新社会主义的所有制理论是改革深入发展的迫切需要。如果没有所有制的深化改革，很难设想能有什么全局性的调整利益关系的改革。

马克思学说的精髓，社会主义的根本宗旨，改革开放伟大实践所取得的成果，应当是创新的社会主义所有制理论的来源。

第二章

所有制的本源是财产权利

过去，社会主义的所有制理论高度意识形态化。而改革开放则表明我们国家已经进入了新的社会发展阶段，以经济建设为中心，以社会的全面发展进步为使命。这就要求我们从社会生产发展的内在要求出发来认识所有制问题。这倒不是说改革开放之后的社会主义生产关系及其理论表现与意识形态无关了，而是说不应再以意识形态为自身的出发点。为此，首先应该从本源出发来恢复我们对所有制的认识，而从本源来讲，所有制其实就是一个社会生产中的财产权利问题。

▶ 一、财产的起源

史前人类刚刚脱离动物界的时候，是没有什么财产可言的。那时候人类的生存方式和动物几乎没有什么区别。不知过了多少年代，慢慢地才由采集发展到种植，从捕猎发展到养殖，这就是人类最初的生产活动了。通过生产活动来制造和获取食物及其他生存资料才使人类与其他动物有了本质的区别。最初，生产水平十分低下，人自身是生产力最主要的部分，慢慢地才有了最为简单的手工工具，如棍棒、石锄、石斧、弓箭、长矛等等。那时候的生产只能维持人最低限度的需求，能生存下来就是最大的成功。原始人的生存严重依赖于外部自然环境，当然，由于没有交通工具，其外部环境也只限于其足迹能够达到之处的山岭、森林、草原、湖泊与河流，他们依赖于这些自然环境来获得自身生存的物质资料。针对这种状况，马克思在他的《资本论》手稿中有一个极为杰出的理论发挥：把原始人自身的身体称为人的有机体，而把他们所依赖的外部自然环境称为人的无机体。这样的分析把人视为有机体与无机体的统一，从而说明人如果失去了外部的生存条件，生命将无法维持。与那个时候相比，现今的人类社会已经高度发达，即便如此，人的有机体依然不可能脱离无机体而存活。马克思的这一思想对于我们认识很多问题有重要的意义。

原始社会实行的是公有制，即以氏族或部落为单位的公社所有制。而公有的对象物，除少量简陋的手工工具外，主要是被马克思称为人的无机体的为氏族或部落占有的外部自然环境。在当时的生产技术水平上，这些自然环境（可以笼统地归纳为我们现在所称的土地）无法分割私有，用分散的私人劳动也难以获得产出，只能公有。由于生产水平很低，原始人每天都必须寻找新的食物，没有剩余可言。

按照恩格斯在《家庭、私有制和国家的起源》中的分析，畜牧业的发展大大促进了生产水平的提高。牲畜的饲养和繁殖大大丰富了人类的食物，也许在这个基础上才开始有了剩余。在原始社会的公社内部，还逐渐有了一些食品之外的物品，如住房，简单的生活用具、衣物以及生产工具甚至武器。我们也可以将这些物品称为财产或财富。但由于这些物品只能勉强满足公社全部成员最低限度的需要，私人占有还难以发生。大概只有部落之间的战争，才可能从战败者那里掠夺到这些东西。但生产水平提高，有了剩余之后，情况就不同了。部落首领或其他地位较高的人员，就有可能把这些剩余据为自有。这些剩余可能是牲畜，或者其他产品，也可能是一些生产工具或者武器等等。

因此，笔者倾向于这样的认识：财产起源于人类生产的剩余，这个剩余被特定的社会主体所占有。凡是构成排他性占有的对象物，即为财产，所以财产与所有制，是同一事物的两个方面，一是其物质内容，一是其社会形式或归属。不存在没有占有主体的财产。在人类历史上所有制是与财产的占有相伴形成的。

▶ 二、财产的构成要素

一般来讲，除自然资源外，财产是人类劳动的产品，因此分析财产的构成要素，好比是在分析产品或商品的二重性。

大多数财物都具有某种物质形态或物质功能，它总是由某种或某些物质材料构成的，同时又具有某种用途，满足人的某种需要。也许可以把这概括为财产的物质属性。原始人手中的石斧石锄是用石料制成的，如果是一把木锄，那木料就是其原料。对大多数当代中国人来讲，其个人财产中最重要的大概就是住房了，住房当然是非常物质的东西。财产不但由物质材料构成，几乎任何一种财物在其生产过程中只有借助于一定的物质手段才能被生产出来，如要做成一张桌子，单有木料不行，没有斧子锯子锤子，桌子造不出来。

但是现代社会的财产显现出纷繁复杂的形态。有一类财产十分重要，但却不一定展现为物质形态，这就是知识、知识产品、知识产权。知识，特别是原创性的知识存在于知识工作者的大脑里，顶多会借助于某种介质来表现，例如纸张、书籍、芯片、存储器等等。知识、知识产品、知识产权虽然没有物质元素或物质形态，但却有宝贵的价值，而且可以买到或者卖掉，因而实实在在是当代社会中十分重要的财产形态。

货币，作为一般等价物是一切财产的标志或代表，一般来讲，只要需要，货币就可以转化成为所需要的某种具体形态或功效的财产。所以用货币额来度量财产的价值量或拥有量成为普遍适用的做法，货币也因此成为最受追逐的财产。

财产不管是物质的还是非物质的，除自然生成之外都要通过人的劳动才能创造出来，所以劳动是财产脱离不开的形成要素。以物质财产来讲，虽然任何一个财物都以物质形态存在，由物质材料构成，但都只有通过自己的劳动或是别人的劳动，才能够完成这个财物的形成。当然某些财物如农产品及畜产品等自然力如土壤阳光水分等会参与其形成过程，但也依然不能脱离人的劳动。一片森林拥有者如果不凭借于劳动，那么森林永远不会变成木材以及一切木制的用品。其他矿产虽然是自然生成的，但也要通过人的劳动才能开采出来。至于知识和知识产品更加完全依靠于人的劳动才能产生。马克思分析商品的二重性时把人的劳动区分为具体劳动和抽象劳动，而如果要对应于物质财富和精神财富，劳动则区分为体力劳动和脑力劳动了。在极左的年代，我们把脑力劳动者视为不劳动，是那个时代的荒诞。当然这种区分只是大略的，因为在物质财富的形成过程中当然也要投入脑力劳动。

资产阶级的经济学家对财富形成的物质与劳动这两大要素有浩繁的论述和分析。马克思在构建他的经济学体系时对此也作了概括："种种商品体，是自然物质和劳动这两种要素的结合。……正像威廉·配第所说劳动是财富之父，土地是财富之母"（《资本论》第一卷第57页，人民出版社1975年版）。

三、财产权利的构成要素

如前所述，财产可视为是被排他性占有的对象物，占有的主体当然是人，但人怎么就能获得占有的地位即财产的权利呢？私有制的起源不能作为解释的原因。我们说当人类生产有了剩余之后，部落首长或其他有权势的人物就把剩余占为己有，这就成为私有制或财富的一个起源了，这虽然可能是一个历史事实，但却不具备社会普遍认可的正义性。

财产权利要回答的问题是：谁凭什么能够拥有财产的所有权？从本源上来讲，即在对这个财物的各种社会的占有行为还未发生时，对这个问题的追溯只能是这个财物是怎么创造出来的，或者是由谁创造出来的，这就又回到了财产的构成要素上去了，也就是说财产的两个构成要素也就是财产权利最初始的两个来源。

任何一个财物都必经劳动而创造，因此劳动，或者说创造财物的劳动的所有者必定对财物拥有权利。也许这和当代社会化大生产的商品经济条件下观察到的现象有所不同，但在事情的本源上却就是这样的。一位自由艺术家在山林里发现一个形状别致的枯死的树根（我们这里不涉及山林的产权），他把这树根挖出来扛回自己的工作室，做成了一件根雕作品，这件根雕作品的所有权自然是这位艺术家的。理由就是他的艺术劳动创造了这一根雕作品。因此，谁劳动的就是谁的这一也许从人类蒙昧状态就形成的社会规则就是到了当代也依然成立。当然这里暗含一个前提，即这个劳动者是在为自己劳动，而不是为别人劳动。因此劳动者作为劳动的主体当然也就成为劳动要素财产权利的主体了。

在西方经济学史上，马克思应当是劳动价值理论的最终完成者。他的先驱斯密和李嘉图也是劳动价值理论的创造者，离最终完成其实也就差一两步了。当然这最后一两步是最关键的。马克思以劳动的两重性即具体劳动和抽象劳动来对应商品的两重性即使用价值和价值。马克思指出，劳动者在以采用具体工具、运用具体方法，作用于具体物质材料的具体劳动创造某个财物（商品）特定的物质形态或功用的使用价值的同时，又以抽象劳动即人类劳动纯粹生理学意义上的耗费以社会平均标准度量为一定的劳动量转移到商品中去形成为商品的价值。马克思认为商品价值并不缘于物的效用，而是由于凝结了劳动者的劳动。正因为此，劳动成为最本源的财产权利。因为这个财物是劳动创造的，财物中凝结着劳动者付出的劳动，劳动者对自己付出的东西具有天然的所有权，或者说别人要拿走的时候，必须支付代价。

劳动是财产权利中最本源的因素，这一点也就容易使我们理解到在社会经济活动中，为了获得财产权利，其中的一个重要前提就是要获得对于劳动的掌控。这个劳动是我的，那么对于创造的财物当然我就有权利，即使这个劳动是别人在从事但归我掌控，结果也一样。这一点已经是一切所有制共同的最本质的东西了，随后我们也会对此作进一步的分析。对于这个问题，被我们称为资产阶级经济学家的先贤斯密说过这样一句极富社会正义的经典论断："每一个人对他自己劳动的所有权是所有其他财产权的原始基础，是最神圣和不可侵犯的"（《国富论》第 62 页，华夏出版社 2009 年 10 月版）。这一伟大的论断应当足以使当代的社会主义者们振聋发聩。

但是劳动价值论并不能得出只有创造价值的人才能占有价值的结论。马克思从来没有过这样的意思。对这一点的误解也许是许多人对劳动价值论抱有怀疑或保留的潜在原因。也就是说，劳动并不是全部财产权利，还有别的财产权利要素。马克思自己也说得很明白："人在生产中只能像自然本身那样发挥作用，就是说，只能改变物质的形态。不仅如此，他在这种改变形态的劳动中还要经常依靠自然力的帮助。因此，劳动并不是它所生产的使用价值即物质财富的唯一源泉"（《资本论》第一卷第56～57页，人民出版社1975年版）。如同财物中凝结了人的劳动一样，财物中同样必然凝结了物质材料或物质手段的耗费。所以参与创造财物的物也是最初始的财产权利，具有天然的合理性。把劳动创造价值等同于只有劳动才有财产权利，凭物来占有就是剥削是在特定历史条件下形成的误解，早就应该纠正了。租地农民其实并不认为不应该缴地租，问题只会在这两方面：第一，有的地主土地所有权的合法性可能有问题。第二，地租过重，形成了对自己劳动的剥夺。所以革命阶段解放区一度实行的减租减息是双方都能接受的。因此，虽然这个财物是由你的劳动创造出来的，但是我提供了创造这个财物所不可缺少的物质材料和物质手段，因此，我当然会对这个财物主张自己的所有权。经济学上将生产过程中的物质材料和物质手段统称为生产资料，其实土地从其作用上来讲可以归入生产资料一类。因此，生产资料与劳动一样，也是财产权利中最本源的因素。从创造财产形成财产权利的角度来讲，生产资料与劳动二者相伴相生，谁也离不开谁。生产资料的所有者与劳动者在任何一种形式的所有制中都必然相遇，没有物质内容的劳动不成其为劳动，而不被使用的生产资料也只能闲置，一方脱离了另一方都无法生财。任何一种所有制都必然是这两种财产权利的相互关系。

所以在一定的限度内，凭借生产资料的所有权获得收益具备正当性。马克思批判资本主义的私有制是因为那时的资本家凭借独占的生产资料所有权无偿占有了工人创造的剩余价值，是为剥削。这也成为社会主义革命正义性之所在。但真理过头一步即为谬误。凭借独占的生产资料私有权无偿占有剩余价值和凭借生产资料获取收益二者不是同一件事，把后者简单地等同于前者，结果私有生产资料似乎就有原罪这种认识就是谬误。前几年，改革开放使得社会上许多人的收入来源已经多元化，除劳动收入外还有凭藉财产获得的收入即财产性收入或称为非劳动的要素收入。人们一度想为要素收入的正当性寻找理论说明，因为在社会主义所有制的传统理论中，只有劳动收入，没有要素收入（虽然这并不符合事实，但传统理论对此是长期视而不见的）。当时这方面的努力好像没有获得什么明确的结果。其实是我们自己把这个原本简单的问题搞乱了。生产资料是物质财富的另一个来源，也是最初始的财产权利，生产资料的所有者当然也就成为生产资料要素财产权利的主体。这在任何社会形态中都是如此，社会主义也不例外。

▶ 四、财产权利是天赋人权

自原始社会的公社所有制瓦解之后，人类社会就进入了个人拥有财产的时代。其实在原始的公社所有制后期，公社内部的家庭就已经开始拥有了自己的财产，如居住的房子（虽然很原始）、简单的用品及劳动工具等等，也许这正是公社瓦解的一个原因，因为家庭凭借简单的工具已经可以独立进行生产劳动并维持生存了。

所谓财产，其实是一个人赖以生存的物质条件。财产多的人，除维持生存外，还可以依靠其财产获得发展和享受，并且可以依靠财产去做他想做的事。即使是穷人，也必须有最低限度的生存资料才能维持生存。也许任何一个社会形态都可能会发生有人穷困潦倒至死的情况，这恰恰说明人没有财产是万万不行的。联系前面所说的马克思把原始社会的人生存所依赖的外部自然环境（其实就是那个时候的财产）称为人的无机体，因而可以认为财产也就是人的无机体。如果剥夺了一个人的财产，那等于残杀了他的无机体，这个人的生存将受到严重影响甚至无法存活。人们其实无法想象没有财产的人，因此财产权利是天赋人权，具备天然的合理性。当然其来源成为其正当性的重要判断。

除了原始社会由于生产力水平十分低下没有剩余可以成为个人财产之外，人类社会不存在哪个社会形态中个人是没有财产的。有的只是一部分人去剥夺另一部分人的财产权利，只是财产权利的不平等。这也成为我们否定剥削制度的依据。马克思恩格斯在《共产党宣言》中对资本主义私有制的批判也是遵循这样一个逻辑：资本在自身扩张的过程中剥夺了其他社会成员的财产，使得资本家成为资本主义社会中仅剩的有产者。而其他社会成员统统沦落破产。因此他们才号召无产者联合起来去剥夺剥夺者。

众所周知，个人财产既可用于生活消费或享受，亦可用于经营以生财，当财产用于后者时人们将之称为资产。讲到财产权利，人们所关注的主要不是消费类财产，没有人会主张禁止个人拥有消费类财产。这里面的问题只是来路是否正当，贫富差别是否在社会能够认可接受的限度之内等等。财产权利在我们社会可能引起争议的是个人能否拥有资产。按照马克思的逻辑，无产阶级革命剥夺了资本家的私有制之后应建立社会主义的公有制，由全社会来占有和使用生产资料，在这样一个经济体系中，个人投入劳动之后所能获得的仅仅是消费品，不存在私人资产。但是现实的社会主义却可以在此基础上作出两点引申。

第一，随着生产力水平的提高，个人消费品的分配必然增加，从中会产生消费满足之后的剩余。由于消费类财产与经营性资产二者之间往往并没有绝对的区别，在存在货币媒介的情况下更是如此，如果社会主义承认个人拥有对自身财产的完整的支配权，那么消费类财产向资产的转换就一定会发生。

第二，现实的资本主义社会或者说凡是发生了社会主义革命的国家里，资本家阶级之外的其他社会成员并不是真的财产都被资产阶级剥夺光了，很多人是带着财产或资产进入社会主义的。不管是出于策略的考虑或者别的什么考虑，《共产党宣言》中所鼓动的无产阶级革命却并不主张对这部分人的财产进行剥夺。如同上一章所引述的，马克思恩格斯明确无误地声明"共产主义并不剥夺任何人占有社会产品的权力"，也就是说社会主义仍将承认个人的财产权利。

不管是苏联还是前东欧，或者是二战后建立了社会主义制度的其他国家，上述两种情况在实践的发展中都出现了。现在来看，能否恰当地解决这些问题实际上关系到社会主义制度是否具有生命力。我国的历史发展也是如此。新中国成立后的前三十年，我们是按照《共产党宣言》的逻辑本身来做的，也许比其他任何一个社会主义国家都做得彻底。而改革开放的后三十年来，上述两条也已经成为了丰富生动的现实。总体来讲，我们对新时期公民的个人财产没有采取剥夺的政策，这也是符合《共产党宣言》的。笔者这样来谈论问题，并不单单是为了圆马克思之说。我们是从我们所以为的马克思那里起步的，而且中国几千年的文化传统在判断一件事情的是非标准时往往强调"必先也正名乎"，而问姓社姓资也正是这种思想方法，为了取得改革的共识，从源头上把问题搞清楚是十分必要的。

总之，凡是一个正常的社会，或者说当一个社会从革命年代回归常态社会之后，必定承认公民的财产权利，不但承认，而且保护。如果说剥夺剥夺者具备历史的正义性，那么非剥夺者不受剥夺也是历史的正义。解放了的无产阶级由国家建立了社会主义公有制的生产关系，过去，这个公有制的生产关系在自己掌控的产业循环中不断地再生产着无产阶级。至于小生产，马克思恩格斯虽然认为对小生产不能剥夺，但他们却主张通过示范，动员小生产联合起来，采用先进的机器生产方式。我们按照这一思路搞了农业集体化，但在当时中国的条件下，却没有先进的物质技术手段来装备农业。集体化并没有创造出高于单干的生产效率。这样做的实际后果是，我国的工人、农民长期处于相当穷困的状态。也就是说改革开放之前，在旧的社会主义模式之中，人民的财产权利并没有实现。这在当时并没有引起人们进一步的思考，人们以为社会主义本来就是这个样子。

改革开放之初，邓小平说要让一部分人先富起来，同时也说了最终要实现共同富裕。这一号召极大地唤醒了全民族沉睡的致富愿望，而这一点又成为全民的改革共识和原生动力，效果当然极其显著。很快，工人、农民、其他社会阶层在不长的时间里有越来越多的人成为了有产者，不少人真的很富了。公民普遍实现了财产权利说明中国正在回归社会的常态。但是我们的社会，或者说社会上相当一部分人对此缺乏思想准备。在他们的思想意识里社会主义就是公有社会，私财与公有不两立。社会上出现这么多有产者，这还是社会主义吗？这种疑虑其实是把个人的财产权利妖魔化了。个人或者说私人的财产权利只要来源正当，同时又不侵害他人的权利就应当属于个人的正当权利。只有古代奴隶社会以及现代的法西斯社会才会剥夺普通人的财产权利，社会主义作为人的进一步解放的社会制度，没有理由无视公民作为基本人权的财产权利。

五、所有制是生产过程中要素财产权利的界定

人类社会的生产活动几乎从一开始就可以视为是财产或财富的

生产。虽然最初刚刚脱离动物界的时候，所谓生产大概与动物的觅食也差不了多少。但随后，人类就开始制造工具、制造衣物和其他的简单物品。而且部落之间有了满足不同需求的物物交换。交换是以所有权的让度为前提的，而财产的一个基本属性就是有特定的归属关系。所以人类社会的生产就是财产的生产，商品经济时代就更是如此了。即是小生产者其生产目的是为了满足自身的需求，但只要他愿意，他的产品随时都可以作为商品去出卖或交换、变现。

既然产出物是具有特定归属关系的财产，那么这个特定的归属关系是如何形成的呢？又是根据什么来确定的呢？难道是由分配决定的吗？那么这个分配的规则，又是如何规定的呢？其实，这个作为分配规定的本身就是所有制。资产阶级的经济学家对这个问题早有说明，而且马克思也认可这种说法。马克思指出："在分配是产品的分配之前，它是（1）生产工具的分配，（2）社会成员在各类生产之间的分配……有了这种本来构成生产的一个要素的分配，产品的分配自然也就确定了"，马克思在这一点上还认可这种说法："分配似乎先于生产，并且决定生产"。马克思甚至认为这"似乎是先经济的事实"（以上引自《马克思恩格斯选集》第二卷第210～211页）。这种作为生产前提的分配，从其物质形态来讲是生产条件的分配，如工具、土地、人员等等，但如从其社会形式来观察，这些所谓的生产条件早有归属，已是某种既定的财产权利。因此所有制作为生产条件的分配其实是处在生产开端的财产权利的前置和预设。由此可见，在生产开始之前，有关生产的财产权利就已经界定好了，这种界定是通过生产条件的分配来完成的，实际上构成生产的前提并贯穿于生产的始终。

在资本家的眼里，构成所有制的生产条件或者说生产要素往往只是指生产工具和土地，或者说是资本和土地，这样一种理解和处置包含着极大的历史局限。既然马克思在如前所引中说道："种种商品体，是自然物质和劳动这两种要素的结合"，既然任何一种财物既有物质属性又有劳动属性，那么劳动当然也构成一切生产之前提的条件。没有劳动介入的生产是不可想象的。所以，作为生产之前提的生产条件的分配当然应该是生产的物的条件，即生产资料和生产的人的条件即劳动的分配，劳动（或者说劳动力，连马克思也认为二者的混用很难避免）作为生产要素必定是前置于生产过程的，它必定也作为一种财产权利应先加界定，然后才会介入生产过程。资本主义经济制度在处理生产条件的分配时之所以把劳动作为了漏项，恰恰成为资本主义所有制的一个历史性原因，对这一点我们随后也会有进一步的分析。

既然前置在生产开端的财产权利只能也必定是生产资料要素财产权利（资产阶级经济学家将之直接等同于资本或资产，今人依然沿袭这种直接等同）与劳动要素财产权利，那么所有制的基本问题也就是二者的相互关系。任何一种所有制都脱不开这个基本内容，也多不出什么别的东西。如前所述，我们在这里把土地也列入生产资料。当然，生产资料是可以视生产的形态或复杂程度分解为不同的物质要素的，这不同的物质要素可能同属一个财产权利主体，也可能分解为若干个甚至许许多多个财产权利主体，这可以相当于劳动也可以是来自于一个劳动主体或若干个甚至许许多多个劳动主体一样，对事情的性质不发生改变。因此，所有制作为本源的财产权利，它界定的是生产过程中物的要素与劳动要素这两个财产权利的相互关系。

对所有制的这样一种认识，与我们惯常的理解可能有一点差别。在传统的所有制理论中，焦点在于生产资料归谁所有，以及由这一点所决定的生产过程中人与人的相互关系以及产品如何分配。是生产资料归谁所有这一点决定一切甚至构成了所有制问题的全部。我们平时所说的公有制与私有制，就是按照生产资料的不同归属关系来加以区分的，我们甚至进一步认为生产资料公有就是社会主义，生产资料私有就是资本主义。好像没有人怀疑过这样一种立论和判断是否真的正确。这是生产资料要素一元财产权利的所有制观。这种所有制观和我们前面的分析显然不符。既然财产是由物质材料和劳动这两种要素结合而成的，既然劳动与生产资料一样是最初始或本源的财产权利，那么何以到了所有制这样一个一切财产生产的起点上就成了生产资料一元要素的财产权利了呢？这是一个天大的问题，而社会主义至今好像还没有把这个问题 Hold 住。

所以，单凭生产资料的归属来判断一种所有制的社会属性可能并没有抓住所有制的要害或本质，甚至可能造成一种假象或谬误。生产资料无论是公有还是私有，还是一伙人所有，它界定的都只是生产的物的条件或要素的财产权利。这一元的财产权利当然需要明确，但明确了也只是在所有制的构建上界定了一个要素，而不能等于是所有制的完成。因为还有另一元的财产权利即劳动要素的财产权利需要加以界定，特别是生产资料的财产权利与劳动的财产权利二者是处于何种关系之中，这才是所有制真正需要解决的问题。这个问题规定清楚了，所有制的构建才算完成了。当然这里的意思不是说生产资料所有制是所有制的未完成态，它当然是完成态。它以无视（或者说是剥夺）劳动要素的财产权利的方式来处理二者的相互关系，它以生产资料要素主体独占生产及其结果为所有制的完成。如果对这一点缺乏警觉，社会主义就可能名实不符。

六、财产权利主体在所有制上的自由意志

毋庸讳言，财产主体进入经济活动的初始目的和动力是逐利。这

也可以说是商品经济条件下人类社会生产的原生动力。既然所有制的本源就是财产权利，既然所有制的基本问题是两要素财产权利的相互关系，那么要素财产权利主体在生产条件的分配也就是在所有制的构建上当然要选择能使自身利益最大化的方式。举一个最浅显的例子，劳动者在人力市场上寻工，可以视为劳动要素的权利主体在选择加入某一所有制实体，而哪里工资高或比较收益高几乎总是成为最高的标准。这也就是说，只要条件允许，财产权利主体在构建所有制时必定要行使自由意志。仅凭这一点，一个社会的多种所有制并存就是必然的。任何一个正常的社会，或者说只要这个社会处在一个正常的状态，那就必然存在多种所有制形式，而不可能只有单一的所有制形式。这和生产力的发展水平没有关系，并不存在某种物质技术水平的生产力与某种形式的所有制单一对应的什么历史规律。拿盖房子所需要的砖这个产品来讲，我们办个国有企业来制砖没有什么不可以，而前些年一些地方披露出来的某些丧心病狂的人专门拐骗残障劳力实行隔离式强制劳动的黑砖窑，几乎就是奴隶制了，但一样可以把砖头生产出来。拿石油产业来讲，无疑富集了当代世界最先进的科学技术，我们社会主义的国有企业在搞，叶利钦时代的私人寡头在搞，西方的跨国公司在搞，中东阿拉伯国家的酋长也在搞，没有谁因为所有制而使产业失败。同一技术水平的产业之所以有多种所有制形式，财产权利主体的自由意志是重要原因。

如果由社会来强制规定只允许某种形式的所有制，不允许某种形式的所有制，或者退一步，某种形式的所有制是老大，某种形式的所有制是小二、小三，或者某些产业领域只能由某种所有制搞，不允许其他所有制进入经营，其结果必然导致社会经济增长动力的削减，造成低效率，造成不公。社会主义就是公有制这是意识形态的立论，如果符合实际倒也罢了，但现实却是除了没收官僚资本建立无产阶级国家的公有制之外，凡用公有制去消灭、改造或替代其他的所有制形式，结果都造成对社会生产力的破坏。正是因为吸取了这一历史教训，中共十三大才提出生产力标准，只要有利于社会生产力的发展，各种所有制都应当允许发展。面对改革开放三十多年来多种所有制蓬勃发展的大好局面，却始终有一些人从先验的观念出发来评判生活，忧虑公有制的天下不再，不快于所谓社会主义的阵地丧失。而国家的富强、社会的进步、人民富裕的增加，似乎都不足以对这些人产生正面的影响，这固然令人不解，却也恰恰说明思想解放任重而道远。

斯密在《国富论》里说了这样的意思："在所有生活比较安定的国家里，每个有常识的人都愿意用可供他使用的资产来追求目前的享受，或追求未来的利润……一个人如果不把他所能支配的一切资产（不管是自有的或者借入的）用于上述用途，我相信他是发疯了"。还说："禁止大多数人民……根据自己的判断，将自己的资本和劳动投入到对自己最有利的用途，这明显侵犯了最神圣的人权"。"这种禁令有可能成为不能忍受的真正压迫"。我们可能不太习惯于斯密论述的角度，但却不能否认他说得很对。一个健康的社会，应当尊重财产权利主体的自由意志，在所有制问题上也是如此。

当然一些人对多种所有制的担心不是没有一点道理，因为在我们的传统所有制理论中，私有制是与对劳动的剥削联系在一起的，而社会主义的公有制则被认为由于消灭了生产资料的私人占有，因而也就消灭了剥削。而消灭剥削是社会主义最基本的社会属性，这是必须坚持，任何时候都不应该放弃的。而中共十三大的政治报告中也指出新时期的私营经济还存在着雇佣劳动关系。这似乎是一个矛盾，包含着意识形态的冲突和两个政策方向的冲突。一方面，随着经济的发展和收入水平的提高，在公有制生产关系之外，社会上越来越多的人有了越来越多的财产。改革开放使得这种现象在全社会更加普遍，因此，民间的投资行为成为不可遏制的经济力量。财产主体必定要行使自由意志，我们不可能强制这种投资行为只能注入公有制实体，因为这样做了如果不是变相充公，就是改变了公有制的性质，二者必居其一。所以公有制生产关系之外的投资行为必然导致多种所有制形式，导致非公经济的发展。但另一方面，非公经济的发展应当并不意味着这是一种旧有经济秩序的恢复，并不意味着体现人类进步的社会主义核心价值的调整，并不意味着我们要发展雇佣劳动，让劳动者放弃或让渡自身对剩余劳动实行占有的权利。但在旧的理论框架内，这个问题无解。所以在十三大的政治报告中，只有一句政治技巧非常高的"私营经济是存在雇佣劳动关系的经济成分"，虽然接着对私营经济作了积极方面的评价和引导，但对问题如何解决，在当时的条件下并没有提出明确的指向。

进一步的思考不难使人认识到，一种所有制形式并不一定就对应某一种社会属性，很多情况下，一种所有制作为形式，它可以被不同的社会主体采用，因而可以具有不同的社会属性。我们的社会主义国家所有制的公有制声称是属于全体人民的，是社会主义生产关系最本质的体现，但是公有制或者说国家所有制却并不是社会主义国家的专利。不同社会形态的不同国家都可以采用这种所有制形式，而且实际情况也正是如此。在这样的背景下，把公有制和社会主义划等号就有可能失于表象。我们的思考可否再前进一步，私有制在有的情况下是否有可能作为一种所有制形式而被不同的社会主体所采用，因而也就可能具有不同的社会属性？起码我们知道个体的私有制不需要雇工经营，因此也就没有雇佣劳动之说。那么在改革开放大潮中建立在现代生产力基础上的私营经济，有没有可能尽管大规模地雇工，但却不是雇佣劳动呢？这才是新时期社会主义条件下发展私营经济或者说民营经济所面临的真正的挑战，所有制的创新可以回应这一挑战。

以上的分析说明，在一定的情况下，某种具体形式的所有制有可能只是一个中性的工具,被财富主体在进行生产条件的分配时借以实现彼此的财产权利。在这里非常重要的因素在于,这时完成了要素组合的某种所有制,其社会属性固然与要素财产主体的行为有关,但这仅仅是一方面,另一方面还在不同程度上相关于社会从外部赋予该所有制的规定,如最低工资标准、工作日长度、分配规则、所得税率等等。因此,一种所有制的社会属性并不单单取决于所有制本身,而是一要看这个所有制中要素组合的具体方式和内容,二要看外部赋予了它哪些规定性。有时候,后者对所有制属性的影响甚至可能超过前者。我们可以举一个反向的例子,本来我们的国企按规定是全民所有制的,但由于对国企的管理缺乏明确的指导思想和有效的监督,结果央企差不多都变成了垄断企业,而企业高管又几乎成为特殊利益阶层或集团。这样的国企,已经很难令人信服它是全民所有制,是在为全体人民或国家的利益在工作。人们担心是一些特殊利益集团利用他们的权力占据国有资产以谋私利。这说明即使实行了生产资料的所谓公有,但如果社会在外部不给予有效的规定和管制,其公有的社会属性并不牢靠,甚至可能变掉。而对于私有制,如果社会出于公平的理念对其作出相应的规定和调节,那么私有的一些负面的东西也是可以大为改观的。因此,没有必要恐惧要素财产主体的自由意志,完全可以从社会方面对各种所有制投放必要的政策调节,使之体现社会主义的共同要求。

第三章

所有制的核心问题是对劳动的占有

如前所述，所有制的基本问题是生产资料与劳动这两个要素财产权利的相互关系，而这种相互关系的核心则是对劳动的占有。在有的所有制中，劳动可以实现自身占有的权利，这时候，它是作为一个财产权利来发挥作用并且得到实现的。但在另外一些所有制中，劳动却成为了另外的财产权利主体的占有对象，以自身丧失财产权利而成全他者财产权利的实现。这些情况的交织与变化，使得人类社会历史上的所有制呈现多种复杂的现象。

▶ 一、两要素财产权利主体的分离

在原始社会人类的生产力十分低下的情况下，生产活动的两个要素即生产资料与劳动属于一个共同体。其基本原因在于单个的人无法生存，只有抱团为共同体才能解决最低限度的吃、穿、住等生存需求和相应的生命保障。个人还不可能独立开展有效的生产劳动。这种由多个人组成的共同体其实可以视为一个人，而且共同体内的生产两要素也不可能分离，物如棍棒等只是人自身的延伸。其实，在当时的条件下，人自身是最重要的生产工具。

原始人共同体的公社所有制其实在很多情况下是无所有制，因为在共同体内部，每个成员都在一起从事生产活动，没有区别于他人的属于自己的生产活动。所以每个成员几乎都是一样的，既没有有和没有的区别，也没有你有这个他有那个的区别。只是在和外部其他共同体发生接触的时候，例如进行物品的交换，或者争夺外部资源的时候，所有制才会有清晰的显现。但是私有财产出现之后，生产的要素财产分属不同主体的现象就逐渐成为了人类社会的常态。其实只是到了这个时候，所有制才成为人类从事生产活动的前提，因为只有把分属于不同财产主体的要素组合到一起，生产活动才得以开展。

社会主义的经济理论一般把生产要素归为两类：生产资料与劳动或称劳动力。但在资产阶级的经济学体系中，土地是作为一个独立的生产要素与生产资料（资本）和劳动力并列的。土地之所以作为独立的生产要素，大概有这样几个原因：第一，当资本主义刚刚从中世纪的躯壳里生长壮大的时候，大土地所有者是当时社会中重要的成员和财产主体，他们的生产方式与资本家完全不同，而资本家经常需要从地主手中获得土地的使用权然后才能作为原料基地或办厂用地进行生产，他们是两个不同的财产主体。第二，土地要素获取收益的方式与资本即生产资料完全不同，土地是靠出租和事先约定的租金获得收益，而资本则要投入生产过程，如果一切顺利，把产品生产出来卖掉之后，才可能获得利润。第三，二者的资源禀赋不同。土地包括矿藏等是自然资源，而生产资料如机器设备、厂房、材料等往往是人类劳动的产品，等等。由于这样一些原因，资产阶级经济学家把土地作为和生产资料并列的独立的生产要素是可以理解的。但是从我们分析问题的角度即从一种要素在生产过程中实际所起的作用来归类，把土地归入生产资料要素也是完全成立的，而且这样也并不妨碍我们去解读和构建所有制理论。所以我们依然持两要素说。

财产主体多元化之后，构成所有制的两要素财产权利其实在很多情况下已经是集合概念了。因为生产资料是一个很大的门类，特别是到了当代，由于科学技术的发展以及生产复杂程度的提高，某一所有制实体所需要的作为生产条件的生产资料，很可能来自于不止一个财产主体。一个财产主体成为全部生产资料的主人也许在中小微企业中可以比较普遍，但企业规模越大，要素财产的主体就可能会越多，这是十分正常的现象。作为另一个要素财产主体的劳动也是如此，除非是个体经济，在其他经济实体中，劳动或者说劳动力也是集合概念了。虽然二者都已经是集合概念，但并不妨碍我们仍按两要素财产权利的相互关系来分析所有制的相关问题。

▶ 二、两要素财产权利的差别

生产资料与劳动作为生产的物的条件和人的条件，二者在生产过程中发挥着不同的作用，这是容易理解的。但是作为要素的财产权利，各自也有不同的特点。

生产资料是完成形态的财产，而劳动是财产的未完成态。生产资料无论是自然资源还是劳动产品，它们都已经是一个客观存在的物，具有完整的物理形态和功能，并且具备财产的全部属性。即使是知识产品，虽然不具备物质形态，但依然具备特定的内容，功能和用途。但劳动就不同了，劳动虽然创造财富因而也具有财产权利的地位，但自身并不是物理形态的财产。劳动是一个动态的过程，而且只能存在于生产过程之中。如果没有现实的生产过程，或者说在生产之外，就没有什么劳动。所以劳动没有独立的脱离生产的存在状态。这和生产资料不同，一个工厂即使停工，但工厂还是工厂，厂房、机器、设备等虽然闲置但不会因为没有开工就消失或不存在。

生产资料财产的主体有可能独自完成生产的物的条件的全部配置，而与此对应的劳动要素主体却不能独自承担全部的劳动功能。如果一个财产主体拥有足够的货币财富，他有意开办某项经济活动，那么他有可能仅凭自己的财力备齐这项经济活动例如某种实业企业所需要的全部物的条件。或者这个人一开始只是一个小企业主，但在企业的发展过程中他的财富不断增加，通过积累，企业的规模也不断扩大。这不但是生产的物的要素即生产资料的增加，也是这个财产主体的财产权利的扩大。但是单个的劳动者只是自己单个劳动的权利主体，单个的劳动者所能提供的劳动无论在数量、质量、种类上都无法对应一个完备的生产资料系统，单个的劳动在现代生产条件下所能对应的往往只是生产资料要素系统中的某一个甚至只是极其细小的环节。只有一个内部具备了符合一定要求的分工协作关系的劳动群体才能够和一个生产资料系统相对应。但这个劳动群体的形成其实和单个劳动财产权利主体的关系并不大。

生产资料的财产权利可以长期续存，而劳动的财产权利以劳动者能有效劳动为前提。生产资料作为生产的物的条件是长期存在的，虽然机器设备等被使用，材料等被消耗，甚至其物质形态会被更新，但商品经济的制度安排使得其财产权利可以有效保持。当然，如果遇到灾难性的突发事件的打击，例如自然灾害或者生产事故等使生产资料被损坏或毁灭，或者行业景气的变化或新技术的出现使之贬值等会使其财产权利受到损失，但这些也有可能通过购买保险，提取备用金等制度安排来减少损失。所以生产资料的财产权利是一种长期的权利。但劳动的财产权利就又不同了。其一，劳动者只是在他具备劳动能力的阶段才可能享有劳动的财产权利，如果不能劳动，如年老、重病、残疾，就不可能具有相应的权利。其二，即使在具备劳动能力的生命阶段但是失业，并没有实际地与某种生产资料相结合，并没有提供有效劳动，那么当然也就没有相应的劳动的财产权利了。当然，在建立了社会保障制度的情况下，劳动者即使处在上述两种状态之中，也能获得基本的生活保障，但这在直接的意义上已经不是我们所说的构成所有制要素的财产权利了。

生产资料的财产权利具有购买的功能，而劳动的财产权利只能处在付出的状态。如前所述，货币形态是生产资料财产的一种存在状态，所以这种财产权利可以通过购买来体现和行使自己的权利。实际上，生产的物的条件的配置往往要通过购买来实现。只要不是原始的小生产，财产主体就不可能通过自身制造提供出全部物的条件。所以购买是生产资料财产权利的一个极其重要的功能。即使是已经以实物形态存在的生产资料要素也可以通过把自己卖掉而重新变回货币形态，恢复购买的功能。其实资本市场就是专门干这件事情的。而劳动的财产权利其常规状态就是付出，劳动作为劳动者的体力和脑力的使用及消耗，只能是付出，它只有这样一种存在状态，只有这样一种功能。只有通过付出，劳动才能实现自身的财产权利，才能获得。当然，获得之后也可以购买，但这已经是劳动财产权利实现之后的事情了。如果这个劳动者的收入丰厚，在消费之外还有剩余，当然也就可能投资，购买生产的物的要素，但这时获得的已经是物即生产资料的财产权利了。也许有人会从商品交换的角度来观察劳动的付出状态，认为劳动作为一个付出的过程同时也是获得的过程，通过一点一点的付出而实现自己一点一点的收入，即卖就是买。即便如此，这依然不同于生产资料财产权利的买，生产资料财产权利通过买，可能不断丰富或变换自身的存在状态。而劳动财产权利不可能变换劳动本身的存在状态。即使劳动者可以变换工作岗位，但作为劳动，只能是体力和脑力的消耗，只能是付出。

劳动要素可能被替代，而生产资料要素不可缺少。在实际生产过程中同样也是在所有制实体生产要素的配置过程中，劳动是可以减少或被替代的。因为作为工具的生产资料如各种机器设备等等本来就只不过是人手（也包括人体人脑）的延长、增加或强化。因此只要是机器即生产资料能自行承担的环节或部分，人手即劳动就有可能被替代，只要财产权利主体认为这样做合算，就会选择这样做。反过来讲，用人手来代替机器即生产资料，这样的事情在正常情况下一般不会发生。因为这样做的结果一般来讲导致的是低效率，并不可取。所以从长期趋势来讲，随着科学技术水平的提高，人类社会生产过程中的机械化、自动化、智能化的程度不断提高，直接劳动的比重会下降。那些被节约或替代的劳动，其作为生产要素的财产权利也随之丧失，而与其相对应的生产资料要素的财产权利却得到了扩张和加强。一般来讲，没有哪个具体的生产过程可以不需要物的条件，因此，一般也就不会有哪个所有制实体只有劳动要素财产权利的单一主体。

生产资料要素的一般趋势会变得便宜，而劳动要素的总的趋势却是变贵。拿生产资料中的机器设备来讲，随着其制造技术的成熟和普及，生产成本会下降，稀缺性也随之下降，因此其价格会趋于便宜。当然代表先进技术的新设备又会很贵，但这只不过是在重复上一个过程。当然，资源性的生产资料价格会随着需求的增加或储备的减少而价格上涨，例如现在的石油。但当其价格上涨到其他生产领域难以承受时，替代性资源必然会出现，从而使某种资源价格上涨的趋势发生改变。但是劳动在其要素配置中所占比重下降的同时，其价格却会因为生活成本的上升，劳动力教育费用的增加，供给的稀缺或社会文明的提高等因素而变得贵。这一趋势尤以劳动中的知识劳动更为显著和突出。随着人类的经济活动进入知识经济时代，知识劳动变得越来越重要。当然所谓知识劳动还不能说是一个严谨的概念或范畴，这里只是为了论述方便，将那种不依靠或很少依靠物质手段，主要是运用知识并创造知识的脑力劳动称为知识劳动。知识劳动的一个重要特点是力图使人类的生产活动减少或摆脱对物质资源尤其是不可再生的矿产资源的依赖，甚至直接创造新材料新能源。知识劳动的结果是为人类的新经济提供知识型的生产手段或最终消费的知识产品。

知识产品有些有物质成分或物质载体，有些则纯粹是知识形态。知识劳动尤其是创新型的知识劳动会获得很高的社会评价而表现为很高的价格。随着其在人类社会生产和社会生活中的作用变得越来越重要，已经出现了知识劳动从一般劳动中分化出来成为独立的生产要素即"知本"的现象，这是有积极意义的。如果知识劳动从一般劳动中分离出来成为独立的生产要素能成为一个趋势，那么它对一般劳动（即人们习惯所称的简单劳动其实不如说是经验劳动）的影响也是正面的。因为一般劳动或者简单劳动或者说经验劳动是人类社会任何时候都不可缺少的，由于供给的减少也会变得越来越贵。这正在成为今天中国的现实。

还可以分析一些两要素财产权利差别的表现，但根据以上的一些分析已经可以使我们获得这样的认识：生产资料要素的财产权利是强势的财产权利，而劳动要素的财产权利相比较是弱势的财产权利。诸如上述的劳动不是已经完成的财产形态，永远只能停留在付出的状态上，以能提供有效劳动为财产权利实现的前提，并且可以被替代或减少等等，都是其弱势性的表现。这就导致两要素的财产权利在架构所有制实体的时候，劳动要素的弱势往往导致其被削弱，甚至可能丧失自身的财产权利，这是特别应该引起我们重视的。

▶ 三、个体劳动者劳动财产权利的实现

由于劳动只能来源于劳动者，所以劳动要素的财产权利天然属于劳动者自身，这似乎不需要加以证明。但现实却是在人类生产活动的不同社会形式（亦即所有制）中，劳动要素财产权利的实现会发

生很多变化，而小私有的个体劳动也许是劳动要素财产权利实现的最完整最古典的形式了。

自耕农作为个体劳动者，自己拥有土地。但如果他不去耕作，地里除了长草，不会有什么可被视为产品的东西，所以必须投入劳动。自耕农地里的产出全部来自于他自己的劳动，没有什么别的人可以来和他分享产出。这可以说是个人的劳动财产权利的完整实现。但是在自耕农这里，劳动要素作为与土地要素相区别的一个独立的财产权利要素，其形态不一定很鲜明。因为他同时是自己土地的所有者，因此他对自己这块土地上的产出的所有权也可以是凭借的土地所有权。对这个自耕农自己来讲，他不需要作土地要素财产权利和劳动要素财产权利的区分，他不会去作这样的算计：在全部产出中，归土地要素的产出是多少，归劳动要素的产出是多少，反正结果都是一样。这也正是个体劳动者或者说个体所有制使人产生迷惑的地方：虽然个人的劳动要素财产权利得到了完整的实现，但却不易让人观察到它的独立存在。

个体劳动者中的另一类人如手艺人、手工工匠的劳动方式也许更便于我们观察到个人劳动要素财产权利的实现。在农业社会中，到处可见无固定工作场所，走村串户的手艺人或工匠，如木匠、补锅补碗的、磨刀的、农具的修理匠，家畜的阉匠等等。他们游走四方，以自己的手艺为有需要的人家提供服务获得收入。当然，手艺人或工匠干活的时候是会借助一些简单的手工工具，例如木匠在为别人做家具的时候会用锯子、斧子、刨子等等，但这些工具只具有辅助的功能，他主要靠的是自己有特定手艺的劳动，别人要的也是他作为匠人的特定的手艺和劳动。没有人会认为木匠得到收入是因为他耗费了锯子、斧子、刨子等等，这几乎是可以忽略不计的。所以这是凭劳动实现财产权利。当然，这种情况下劳动财产权利的实现并不体现在对劳动产品的占有上，也不体现在将劳动产品卖掉获得收入。补锅匠把锅补好了，这锅本来就是别人的，他付出的只是补锅的劳动。而锅的主人之所以付报酬给他，也仅仅是因为他付出了补锅的劳动。所以，补锅匠劳动要素的财产权利在这里有一个独立的比较鲜明的展现形式，他获得了报酬，说明他的权利得到了实现。需要说明的是劳动者在这里卖的直接就是自己的劳动。如果回到马克思的理论体系中去，他的劳动凝结到补好的锅中去了，锅的主人为补锅匠创造的这部分价值（同时恢复了锅的使用价值）付酬。应该认为这里劳动者创造的全部价值都得到了报酬。因此，这根本不同于雇佣劳动中劳动者出售自己的劳动力。

如果更仔细地分析，同样是个体劳动者，自耕农的劳动与手艺人或工匠的劳动还是有区别的。自耕农的劳动完全是自己的并且是属于自己的劳动。他在自己的地里劳动，完全服从自己的意志，不用听命于其他任何人。而且劳动的产品也完全属于自己，没有人会来和他分享。而上述手艺人或工匠的劳动则有一定的变化，这既是为自己的劳动，又是为他人的劳动。而且劳动的物质成果如木匠完成的家具，补锅匠补好的锅是属于别人的，而劳动创造的价值却归劳动者自己。但尽管有这种区别，这两类人作为个体劳动者，能够凭借自身的劳动来实现财产权利却是共同的。别人不能分享他劳动的财产权利。所以我们说，在个体所有制中，劳动者自己劳动的财产权利得到了完整充分的实现。这应该是当前讨论所有制问题时个体所有制所能够提供给我们的最有价值的启示。

在马克思的逻辑体系中，随着社会化大生产的发展，小生产即个体所有制将纷纷走向破产并最终被消灭。这只是经济范畴运动的逻辑。在现实中，社会化大生产的发展尽管使小生产边缘化，但却从来没有绝迹，今后也不会。尤其是当今互联网和物联网时代，特别是在非物质生产领域中，个体劳动甚至可以大行其道。例如在网上开店，办一个网站或开发一个游戏，这都是个体劳动可以实现的。许多软件工程师、设计师，各种专业工作者等等可以坐在家里，通过网络与外界联系，给有需求的人提供自己的服务。这是在新经济背景下个体劳动所展现的新的状态。所以即使在今天，对个体经济的观察仍有现实的意义。

四、直接占有他人的劳动

与个体劳动者自己的劳动完全直接归自己所有的情况相反，在一些特定的经济关系中，劳动者的劳动直接就被别人占有，完全丧失了对自己劳动的所有权，劳动要素的财产权利根本不存在。这其实就是强制劳动。按照笔者的理解，下述两种情况是比较典型的直接被他人占有的劳动。

奴隶劳动。严格来讲，奴隶算不上是经济学意义上的劳动者。因为作为劳动者，他起码应当是一个自由人，有独立的人格，对自己的劳动能行使自由意志，并使劳动财产权利的实现符合自己的意愿。奴隶显然没有这种地位。奴隶的人权是被剥夺的，奴隶只是奴隶主的财产。奴隶主之所以要通过掳掠、购买等方式来获得奴隶，只是为了获得劳力来给自己干活，这和他需要牲畜只是为了获得畜力是一样的。正因为如此，奴隶主才能强迫奴隶劳动并且直接占有奴隶的劳动。当然，随着社会的发展和文明的进步，奴隶主对奴隶未必绝灭人性，而是会给奴隶逐渐增多人性的待遇。但这并不会改变奴隶劳动在本质上是强制劳动，是直接被奴隶主占有的劳动。这样一种劳动在外部形态上就有自己很鲜明的形式特征：第一，劳动时间很长，基本上是从早到晚。因为只有尽可能地延长劳动时间，奴隶主才可能尽量多地榨取到奴隶的劳动。第二，有专职监工。因为是强迫劳动，奴隶付出的劳动与奴隶自身没有一点利益关系，因此怠工、少干、少消耗自己的体能是奴隶唯一可能获得的微薄利益。所以斯密认为奴隶劳动的效率是最低的，只有依靠监工来保持效率。第三，严重的体罚甚至私刑。为了维持奴隶主的权威并逼使奴隶的服从，这是经常动用的手段。

笔者对所有制的立论是两要素财产权利的相互关系。从这个角度出发，奴隶制似乎不应当进入我们的分析范围，因为在奴隶主所有制中，劳动要素的财产权利是不存在的，或者说是被奴隶主剥夺了的。在奴隶主所有制中，劳动还没有分化成为一个独立的生产要素与财产权利。但这不等于我们对奴隶制中劳动归属关系的分析没有意义，这里的分析至少可以说明，剥夺劳动要素的财产权利是占有他人劳动的最直接有效的手段。即使到了今天，只要具备这样做的条件，就仍然会有人这样干。此外，在我们的话语体系中，所谓的剥削制度其共同特点无非也是采用某种较奴隶制要文明或巧妙一点的方式来抹杀或弱化劳动要素的财产权利。

直接占有他人劳动的另外一种形式可见于农业社会中的徭役劳动，或者称为劳动地租或劳动赋税。脱胎于奴隶社会的封建社会，在很多地方农民仍残留着农奴的痕迹。那时农民即使是个自耕农，每年也都要拿出一定的时间（这个时间会按季节或每月、每周来进行分配）无代价地到地主或地方豪强的土地上去提供无偿劳动。在这规定的时间里，地主直接占有了农民提供的劳动，不需要借助于任何其他手段或环节。这与奴隶劳动的经济性质相类似。按照马克思的分析，这说明当时的生产水平已经使得农民的劳动可以提供超出自身需要的剩余部分，这样才能去为地主提供无酬的剩余劳动（也就是说不把徭役劳动视为是对自身必要劳动的压缩）。在这里，农民的劳动实际上已经划分成为自己的劳动和为地主的劳动这样两个部分，而且这两部分在时间上是分开的，是可以观察到的。此外，农民的徭役劳动除了是在地主的土地上为地主进行的之外，有的历史时期或者在有些地方是为朝廷或者说是为国家服劳役，这时候的徭役就不是劳动地租而是劳动赋税了，但这个劳动和直接被他人占有的性质是一样的。

马克思在分析徭役劳动的时候特别指出：为了能够从小农身上榨取剩余劳动，超经济的强制是必不可少的。本来，在这里提供徭役劳动的农民不同于奴隶，他自身拥有生产条件，不需要通过向地主提供劳动来从地主那里得到些什么。但如果这样徭役劳动就无法实现了，也就是说地主将无法直接占有农民的劳动了。所以在地主和农民之间必须要有某种人身的依附关系，必须要有不同程度的人身不自由，而这就是通过超经济的强制来实现的。通过超经济的强制来建立农民对地主的依附，使农民不得不去服徭役。本来超经济的强制是所有制的外部因素，不在我们的分析范围之内。但是人类历史到现在为止，还没有哪一种占有他人劳动的所有制，其建立和巩固没有借助超经济的强制。或者是作为传统或习惯，或者是借助于法律，或者是作为规则或社会秩序来得以实现的。这也就使得我们在分析所有制的时候，总是会连带到对上层建筑或社会制度的分析。我们甚至可以说这是这种所有制的必不可少的社会条件，是这类劳动占有方式的基本特征。

五、由他人提供劳动条件的劳动

当人类社会的生产活动越过了小生产的阶段之后，两要素财产权利主体的分化就成为了社会的常态。大多数的劳动者要么完全失去了生产的物的条件，要么只有很少量的不足以维持充裕的生活的生产的物的条件。在这种情况下，为了能够使自身的劳动要素能得到充分的发挥以实现更多的财产权利，劳动者就必须要借助于其他人提供的生产的物的条件。当然拥有大量生产物的要素的财产权利主体也有对他人劳动的需求，显然这么多生产的物的条件并不是为自己劳动准备的。其实，作为两要素财产权利相互关系的所有制只是以两要素财产权利主体的分离为自己的起点，在这种分离状态下才会产生彼此的需求，以及由这种需求的博弈而产生、形成的相互关系。小生产的个体所有制只能说是两要素财产权利相互关系的一种特殊情况。

由他人提供劳动条件的劳动可以区分为两种情况，一种是农业经济中无地或少地农民向地主租地种植。这被称为租佃制或分成制。我们首先对此进行分析。

在租佃制中，主要的生产资料是土地，而土地要素的财产权利是地主的。有的租地农民在生产过程中也会投入一些生产要素，如畜力、简单的农具以及种子、肥料等等，当然也有一些佃农十分贫困，所有的生产资料都要由地主来提供。所以，我们在这里可以把佃农投入的那些生产资料省略掉，这对我们分析的问题不会出现改变性质的影响。如此，佃农在租来的土地上所投入的就是自己的劳动，这个劳动至少在外部形态上是他自己的，他每年在租来的土地上劳动多少天，每天干多久，什么时候下地，什么时候收工完全由他自己决定，地主并不管，地主只关心收租。所以佃农的劳动和奴隶制经济、个体经济中的劳动完全不同。在奴隶制经济中，奴隶是奴隶主的财产，奴隶的劳动和牲畜的使役没有区别。在个体经济中，劳动者同时是生产资料所有者，他不需要去作劳动投入的专门区分。而在土地租佃制中，佃农是有别于地主的另一个主体，应该认为佃农是劳动要素的财产权利主体。所以，完全可以把租佃制视为一种所有制形式，而不单单是一种经营形式。在这种所有制形式中，劳动要素的财产权利有了比个体所有制虽不完整但更加清晰的表现。

所谓劳动的财产权利，从结果来讲就是劳动者得以占有自己劳动的产品。这就可以回答为什么佃农在租来的土地上耕作就可以占有交完租子之后其余的农产品。既然土地是属于地主的，为什么地主只能收租，而不能获取所有产出呢？因为佃农在这块地上劳动了，是他的劳动才有这些产出。为什么别的佃农或别的什么人不能到这块地里来收获呢（如果有人这样做，只能叫偷或者抢）？因为他没有在这里劳动。可见劳动确实是一种可以凭借来占有的财产权利。租佃制比较便于对这个问题进行观察分析，这也成了笔者在这里分析租佃制的原因。收多少才合适，地租算不算剥削，不是这里分析的任务。农业经济中，土地是最主要的具有决定意义的生产要素，佃农也并不认为全部产出都应该归自己所有。当然，如果认为地租全部是土地要素的回报可能又过于简单化了，因为佃农总是处在弱势地位上的。

分析一下地租的数量或比例也是有意义的。在我们国家，根据毛泽东在撰写《中国社会各阶级的分析》时所作的调查，佃农所交租金，大约占产出物的一半左右。当然，中国的地域差别很大，各处可能不尽相同，但这个比例，应当有很大参考价值。一半左右的收入给佃农带来的是怎样的生活是判断地租是否合理的重要标志。由于中国的农业十分落后，传承的几乎是最原始的生产方式，加之靠天吃饭，遇灾还会歉收，交出一半地租后，佃农常常不足以维持自己的生活，还要靠打短工，寻找别的生计作为生活来源的补充。由此可见，一半左右的地租还是比较重的负担。有趣的是斯密在《国富论》中对中世纪的英国法国的地租分析中，地主通常也能分得产出物的一半。当然，与中国的情况相同，佃农除了缴地租之外有时还要为地主服劳役，这是产出物一半之上的变相地租。也有例外，据斯密考证，在苏格兰高地一带，佃农租种足以维持一家生活的土地所要交纳的地租，仅仅为一克朗或一只羊，甚至更少。原因其实很简单，因为封建庄园经济依然是一种自给型经济，如果地主拥有的土地非常多，他以地租收来那么多的农产品其实是没有什么意义的。自己吃用不完，又不能卖，又缺乏储存条件（存下来也没有用），所以不如少征少收让佃农心存感激而更加归顺。

上述与地主分享产出的佃农在法国最初被称为分益佃农，因此租佃制也被称作分成制。佃农是自由人，他可以拥有财产，而且如果租种地上的产出物越多，自己所能分得的那一半也就越多。所以，如果能够使佃农在使用地主的生产资料之外，还能运用自己的能力增加对土地的投入，那么产出就会更高。这是一个对各方面都有利的事情。为了鼓励这种倾向，当时英法采取了加强和保障佃农权益的措施，通过一些法令，使地主不能随意收回租约，即使到了约定的租期，如地主要收回土地，也要经过漫长的诉讼和支付较高的补偿。在英国甚至有终身租约。很多佃农因为这种租约而有了保有终身的不动产而获得了选举权。在法国租期也一再延长。这也算是对佃农有利的一点举措。但总的来讲，农民用自己的投入来改良土地的积极性是不高的。法国甚至有一种佃农税，规定如佃农对土地投入资本，由于可能带来利润，故对其征税。这无疑是反其道而行之了。

对租佃制即分成制的分析可以加深我们对两要素财产权利的认识。

第一，劳动确实是人类社会存在的一种财产权利，当然这是和人身自由相联系的。原始社会瓦解之后，从奴隶制到个体所有制再到农村土地所有制中的租佃制，劳动的财产权利经历了从无——产生——显现的过程。谁劳动就是谁的具有天然合理性。即使没有生产资料，但只要通过自己劳动，仍然有可能获得占有的权利。

第二，租佃制已经具备了两要素财产权利相互关系的意义。拥有生产资料当然可以成为所有制的主体，但这不是所有制的全部，即使没有生产资料，但是通过投入劳动，也有可能成为所有制中生产资料财产主体之外的另一所有者，亦即另一主体。

第三，在人们的认识习惯上，地主对大片土地的私有才是所有制，即土地生产资料的地主所有制，而租佃制只是这种所有制的经营方式。笔者认为这种认识恰恰暴露了传统所有制理论的缺陷，即往往把所有制看作只是一个生产资料的归属问题。而从两要素财产权利的相互关系去定义和分析所有制就是对这种缺陷的修正或弥补。因为如果撇开劳动要素来谈所有制问题，那这个所有制就无法达到对劳动的占有。地主私有了农村土地之后，他还必须往前走，或者雇一批长工来给他种地，这个地上的产出物全部是他的。或者把土地租出去，交给佃农种，然后佃农向他交租。这两种做法虽然都以地主对土地的私有为前提，但对劳动占有的方式却是不一样的，笔者认为可以把这看成是两种不同的所有制。在雇工经营中，长工已经丧失了劳动要素的财产权利，没有为自己的劳动，他是在为地主种地，为地主劳动。当然到了年底，地主可能会给长工一点工钱，但一般并不认为这个工钱是长工在地主土地上耕种产出的一部分。这样一种雇工经营是以长工对地主的人身依附为条件的。因为长工一般是农村中的赤贫，他不但没有土地，而且也没有其他农用生产资料如牲口、农具等等，有的甚至连住房也没有，除了给地主干活，没有别的生路。而在租佃制中，农民与地主顶多也只是一种半依附关系，他只是没有地，或者自己的地太少，但只要租到了地，他就有能力去耕种。在租佃制中佃农的劳动分为两部分，一部分是为自己的劳动，一部分是为地主的劳动。所以地主只能占有佃农一部分劳动，而且只能通过收租的方式来获得。他不需要指挥佃农劳动，也不需要去监工。也就是说佃农至少在形式上保留有独立劳动的状态。因此在租佃制中，劳动以及劳动的结果是由两个主体来分享的，如果没有超经济的强制，那就可以认为两要素的财产主体都是这种所有制中的所有者，一个是凭土地所有权来占有，一个是凭劳动所有权来占有。租佃制之所以又叫分成制，也许就有这种含义的反映。另外，无论是在中国或是在西方国家，地租在一定时期里大约都占产出的一半也是一个有意思的事情，也许在当时，社会多少认可劳动要素也是财产权利，一方出地、一方出劳动，所以产出一方一半。当然，这只是一种揣测，不能视为是严格的理论分析。

第四，以上的分析无意美化封建租佃制或分成制。在生产力十分低下的状态，一半产出的地租对农民来讲是很重的负担，有的地方更重。两要素财产权利的相互关系在这里的规则是如果由别人来提供劳动的条件，那么就必然要让别人来分享劳动的成果，像个体劳动者那样劳动完全属于劳动者自身已经不可能了。但是在租佃制中，劳动者也还没有完全丧失自身的财产权利，劳动条件的所有者还不能直接占有劳动者的全部劳动。而如果由别人提供劳动条件后展开的是雇佣劳动，那么劳动者的命运是连佃农都不如的了。

》 六、雇佣劳动的实质是剥夺劳动要素的财产权利

由他人提供劳动条件的劳动除了租佃制之外，还有一种就是雇佣劳动。一般来讲租佃制是发生在自给自足的农业经济之中，地主虽然集约地占有了农村土地，但无论雇工经营或者是租佃经营，其生产的性质都是为了满足自身的消费需要。而如果地主要利用他的大片土地来从事商品生产，那他就会采用雇佣劳动形式了。所以只要不是个体的小生产，迄今人类社会的商品生产就必然是物的生产要素的

财产主体提供劳动条件，用雇佣的方式来占有劳动者的劳动。雇佣劳动具有以下一些特征。

第一，劳动者丧失了生产的物的条件。能够最终接受雇佣劳动制度安排的劳动者不同于小生产的个体劳动者。个体劳动者虽然也是劳动者，也劳动，但是他拥有全部生产的物的条件，不需要假借别人提供的劳动条件。雇佣劳动者也不同于分成制中的租佃者，租佃农民虽然要由地主向其提供土地，但他自己还是拥有一定的生产的物质要素的，譬如牲口，或者农具等等，否则有了地也很难来耕种。而雇佣劳动者则是什么也没有了。劳动所必需的一切物质要素都成了异己的力量与劳动相对立，劳动者虽然在生理上还保持着从事劳动的能力，但实际上已丧失了进行劳动的社会能力，劳动的一切要素都离劳动者而去归属于另外的财产权利主体了。因此雇佣劳动者的经济地位不但低于个体劳动者，也低于租佃劳动者，只是从他具有人身自由来讲优于奴隶。

第二，走向雇佣劳动的劳动者不但丧失了劳动的全部物的条件，还因此丧失了维持自身生存的消费资料，因为他已经不可能通过自己的劳动来生产或获得生存所需要的消费资料了，这其实是一批陷入了绝境的人。劳动者得以进入生产过程的唯一办法是将自身的劳动力当作商品卖掉，让买主即劳动条件的拥有者来消费他的劳动力。劳动者是在为买他的人劳动，他的劳动是属于别人的。而且劳动者只有服从劳动条件对他的要求，使自己成为劳动条件中的一个元素，一个环节。所以，不是劳动者使用劳动条件，而是劳动条件役使劳动者。这还是一种被动的劳动。

第三，劳动者在雇佣劳动状态下的劳动分为两部分，一部分是为自己生产工资的劳动，马克思称之为必要劳动。另一部分是为买主生产利润的劳动，马克思称之为剩余劳动。但不能据此认为雇佣劳动者也分享了或者说占有了一部分自己的劳动。工资的经济意义和奴隶主必须管奴隶的吃喝没有什么区别。既然是劳动创造了剩余，而且只有剩余才是劳动创造的新价值，那么只有获得剩余，劳动的财产权利才算得到了实现。但是在雇佣劳动中，剩余为物的财产主体所占有，劳动者没有份。

什么叫雇佣劳动？似乎没有看到什么真正完成了抽象的科学的定义。从基本特征来讲，所谓雇佣劳动是指劳动者将自身劳动力出让以获得工资而为买主（即雇主）从事无偿的剩余劳动。由此可见，只要存在生产要素的两元主体，雇佣劳动就有可能成为两要素组合的一种选项。表面上看起来劳动者出售自身劳动力似乎没有违背公平交易的原则，因为他得到了工资。但从本质上来讲，这种交易实际上是放弃了劳动要素的财产权利，劳动无论是作为创造财富的源泉或者说本身就是财富，都因此而脱离劳动者被他人占有了。

与租佃制或分成制一样，雇佣劳动不单单是一种经营方式，而是直接等同于所有制本身。

第四章

企业主所有制占有劳动财产权利的虚假公平

本　章分析资本主义生产关系中两要素财产权利的相互关系。在马克思的时代，资本原始积累已经完成，加之工业革命的推动，工业资本家成为资本主义生产关系中的主导因素。如果抽象掉资本主义生产的社会形式，工业资本家就是企业主，即机器生产方式的物的要素的财产权利主体。从某种意义上来讲，资本主义的生产关系就是起步于企业主所有制。在人们的认识习惯上，往往将资本主义的所有制归结为资产阶级的生产资料私有制，姑且不论这是否符合当代西方社会的实际，仅从理论概括的科学性来讲，这种认识并没有达到所有制的本质，即如何占有劳动的问题层面。从这个角度来分析，资本主义生产关系的本质特征并不是私有制，而是雇佣劳动。虽然雇佣劳动并非资本主义独有，但只是在人类的社会生产进入资本主义时代之后，雇佣劳动才被发展到极致成为社会主体的生产方式，并使劳动者陷入被剥夺的境地。

❯ 一、雇佣劳动制度的建立是一个历史过程

雇佣劳动或雇工经营是多种经济形态和各种物的财产主体都有可能采用的一种经营方式或所有制形式。在农业社会就常见雇佣劳动。地主雇长工给他种地就可以视为雇工经营，如果到了农忙时节如播种、插秧、收割等紧张时刻，可能还要向外再雇一些短工，这

也可视为雇工经营。个体劳动者也有可能成为雇主，这倒不一定是指小作坊里的学徒。因为学徒有学艺、传授技术的成分。个体劳动者也有忙不过来的时候，这时就会临时雇一些帮手，也可视为雇工经营。宽泛一点来看，家庭雇请保姆，也是一种雇佣关系。西方国家在经济大萧条的时候为了拉动经济，政府雇佣大批失业工人大搞基础设施建设，这也可以是雇工经营。即使在我国农村的人民公社时期，当小麦产区大片集中成熟的时候，当地劳力是忙不过来的，这时就会有一些外地过来手持镰刀的强壮劳力人称麦客的前来揽活，他们可以挣到一些钱，同时吃到几天细粮，这也可称为雇佣劳动或雇工经营。列举这些现象仅仅是为了说明雇佣劳动并不是某种经济形态或财产主体的专利。这虽然是人所共知的，但在事实上却往往被忽视。

但是资本主义的雇佣劳动却不是像上面所说的那样小打小闹了。在企业主所有制条件下，雇佣劳动成为了社会主体的生产方式，广大劳动者如不被雇佣则几无其他出路。但雇佣劳动制度之得以确立为社会主体的生产方式并不是田园诗，而是历经了几代人的血与火的历史过程。在有产者这边是贪婪与残忍，而在劳动者这边却是被剥夺、破产、贫困、苦难与血泪。当今西方发达国家虽然已经有了比较高度的物质文明与精神文明，但是这个被定义为资本原始积累的历史时期却是它们的原罪。

马克思指出：所谓资本的原始积累就是生产者和生产资料相分离的历史过程。我们说这同时也就是雇佃劳动制度形成和确立的过程。在当今世界上的任何一个国家，普通劳动者，甚至许多有高深专业素养的尖端人才给雇主干活以挣得工资似乎是十分普遍自然的就业方式和生活方式，成为了多少代人流传下来的社会习惯。但在资本主义的初始阶段，人们沿袭的是农业社会的生产劳动方式：自己拥有生产条件，自己为自己劳动。雇佣劳动恰恰是与此对立的。所以资本主义发展的先决条件，就是要让生产者与生产资料相分离。为了实现这一目的，暴力发挥了巨大的作用。首先是用暴力去剥夺小生产者的生产资料，用强制的手段使二者分离，这在对农村居民土地的剥夺上表现最为充分。地方豪强在政府的庇护下公然掠夺小农的土地，大批的农庄和农舍被摧毁（拆迁！），大量的农民瞬间就成为了无业无舍的贫民，流浪和乞讨成为他们唯一的出路。这些破产农民正是企业主所需要的雇佣劳动的来源。但是正像没有人会自愿当奴隶一样，破产农民向往的是他们原先的田园生活，他们不会选择听命于他人去给别人劳动。于是暴力发挥了另一方面的巨大作用，逼迫这些破产农民接受雇佣劳动，被迫去习惯雇佣劳动制度所必需的纪律。这也是一个历经了几代人的历史过程。如果抽象掉生产的社会形式，单纯从生产力发展的角度来看，这可以说是一个传统社会的小农向大机器生产的产业工人蜕变的过程，只是带上了雇佣劳动的社会形式。当然，这也是资本主义生产方式迷惑人的地方，受雇就业或者说打工明明是人类历史发展到资本主义阶段才成为主流的就业方式，但由于历史的沉淀，它成为了社会普遍接受的甚至使劳动者忘记反抗的本能的习惯，好像成为了社会生产的自然的永恒的形式。这种迷惑性甚至使得它在革命之后建立的社会主义生产关系中得以传承。

雇佣劳动制度之所以要靠暴力来强制推行，这也说明在当时历史条件下资本主义的经济关系还没有形成为社会主导的或主体的生产关系。因此暴力推行雇佣劳动的过程，也正是资本主义经济关系得以建立，确立的过程。一旦这种经济关系得以建立、确立并且巩固，经济关系的无声强制就使得资本对劳动的统治、雇佣工人对资本家的依附与从属成为了既定的社会秩序，暴力也因此而退居幕后。这时候企业主所有制就真正变成了资本家所有制。因此，资本主义的两要素财产权利的相互关系具有以下所分析的几个环节的本质特征。笔者在这里要特别强调：这些是资本主义所有制的本质特征，只是由于历史的延续性，而传承到了新的社会生产关系中去了，由于新的社会生产关系脱胎于旧的社会经济形态，它带有若干旧的生产关系的痕迹也就不可避免。这一点由于带有事物发展变化的必然性而并不可怕，可怕的是不自知，因而对社会主义生产关系建设的方向陷于迷途。

》 二、劳动力成为商品是资本家所有制得以建立的关节点

在马克思的理论体系中，劳动力成为商品是资本主义生产关系得以建立的关键，用本章的语言来讲也是企业主所有制转变为资本家所有制的关键。但这一分析和论断是否科学和符合事实，是否能被普遍接受，似仍有加以确认的必要。

在分析资本主义的雇佣劳动的问题上，资产阶级经济学家比较一致的看法是资本购买了劳动，或者说工人把自己的劳动出售给资本家了。因此有大量的著述在分析讨论所谓劳动的价值或价格，将资本家支付给工人的工资视为劳动的价值或价格，而且有些分析也认识到工资作为劳动的价格其实就是工人再生产自己的费用。这样一些分析与马克思所说的劳动力成为商品并不对立，只不过马克思的分析更为科学，指出工人出卖的不是劳动而是劳动的能力即劳动力，当把劳动力出卖之后，劳动就属于资本家了。如果要说得更精确一点，劳动力也不是出卖，而是让渡，让渡劳动力在一定时间里的使用权。所以马克思说"他在让渡自己的劳动力时不放弃自己对它的所

有权"(《资本论》第一卷第191页),在这一点上资产阶级的说法也是一致的:"在限定的时期内让渡给别人使用"(同上)。所谓让渡就是一种交易行为,能用于交易的,当然是商品,所以马克思的劳动力商品学说应当能够被普遍接受。

如果要作更加严格的界定,劳动力作为只能唯一存在于劳动者体内的生理能力,不可能真正卖出去,除非连人一起卖掉,但这就成了奴隶和奴隶劳动。所以雇佣劳动条件下劳动力使用价值的让渡只是采用了商品交换的形式,马克思只是在这个意义上把劳动力视为商品。他自己对这一点也有说明:"资本主义时代的特点是对工人本身来说,劳动力是归他所有的一种商品的形式"(同上第193页),虽然这句话读起来有点别扭,但意思是表明了的。另外,虽然马克思区分了劳动和劳动力,但连马克思自己在内,这两个概念在使用时不可能任何时候都区别得一清二楚。因此本书中"劳动要素的财产权利"如果有人认为应该表达为"劳动力要素的财产权利"也没有什么不可以,它们表达的意思是近似的。

但是马克思的劳动力商品学说与资产阶级经济学家所分析的工人出卖自己的劳动虽然说的是同一件事情,但结论却有本质的区别,而且指向相反。在资产阶级经济学家看来,工人出卖自己的劳动得到了工资,这个交易就是公平的,资本家为他买到的东西付了钱,而工人也得到了自己所卖东西的价值或价格。因此资本主义的生产关系和生产方式是天然合理的,其中有些人甚至认为人类的生产方式自古以来就是这样的,也就是说资本主义的生产关系和生产方式是永恒的。而马克思却认为所谓劳动力的买和卖只是一个表面公平的假象,因为对双方来讲,二者的所卖或所买和所得都不是等量,实质是资本家无偿占有了工人的劳动,工人丧失了对自己劳动以及劳动产品的所有权。因为工资只是劳动力再生产的费用,所以工人只能循环往复地不断出卖自己,如此资本家才能实现对工人的统治,因此资本主义的生产关系是不符合社会正义的。这也成为马克思主张社会主义革命的理论依据。

实际上，很多资产阶级经济学家对于资本家或者说资本占有工人劳动的合理性也提出过不少质疑。因为前述斯密所说"每一个人对自己劳动的所有权是神圣不可侵犯的"，其实是当时社会的共识。这也是资本主义社会相比较于奴隶社会、封建社会具有历史进步性的表现。虽然前述资本原始积累阶段暴力剥夺起了巨大作用，但政府毕竟有所顾忌，所以睁一眼闭一眼，暗中姑息。马克思所说的庸俗的资产阶级经济学家也企图为资本占有工人劳动的合理性作出解释。他们认为工资就表明工人得到了自己劳动的报酬。连斯密也是这样认识问题的，至于资本为什么能获得利润在他们看来是因为资本本身就有增值的属性（这一点下面会分析）。但也还是有不少经济学家对这点提出质疑："无产者为换取一定量的生活资料出卖自己的劳动，也就完全放弃了对产品的任何分享……这是占有规律的严格结果……这个规律的基本原则却是每个劳动者对自己产品拥有专门的所有权"（《资本论》第一卷第 210 页）。"工人的劳动的价值大于他的工资的价值"（同上第 641 页）。

所以事情本来的面目是劳动者对自己的劳动应当拥有无可争议的所有权，但是由于两要素财产权利主体的分离，劳动者已经无以为生，唯一出路就是将自己唯一所有的劳动力卖掉。这样一个交易或让渡就引起了两要素财产权利相互关系的根本变化，劳动者的劳动已经直接被资本家占有了。在资本家的所有制中，劳动要素的财产权利已经消失了，或者说从这种所有制建立的时候起，劳动要素的财产权利就已经脱离了劳动者去到了资本家那里成为了资本家的财产权利。

三、物的要素即生产资料转化为资本

劳动力成为商品之所以是资本家所有制得以建立的关节点正是在于从这一刻起，生产的物的要素即生产资料也就因此而转化为资本了。

在人类的历史上，少数或个别人拥有大量的生产资料是许多生产方式或经济形态都会有的现象，不独资本主义才如此。在资本主义之前，人们并不把生产资料视为资本，即使今天我们分析资本主义之前的生产关系或经济形态，也不会把那种情况下的生产的物的条件视为资本。例如我们不会把地主的土地说成是资本，也不会把地主拥有的耕畜、车辆、农具、仓库视为资本。这样的认识自有其深刻的历史原因。

如果抽象掉生产的社会形式，那么人类的生产活动，只是人与自然之间的物质变换，生产人类社会生存和发展所需要的各种物质产品。生产资料只是这个生产过程必不可少的物质条件，并且可以区分为工具性质的劳动资料和对象性质的劳动材料。在这里，生产资料只是物，只是作为使用价值而存在，它是生产的另一个要素劳动的条件和对象。只有两要素共同参与，生产活动才能现实地开展起来并生产出产品。

如前所述，原始社会瓦解之后，生产要素就私有化了，也就是说是以财产形式存在的。这就使得生产的社会形式成为了一种财产关系，所有制就是两要素财产权利的相互关系。这使得生产资料产生了两重属性，首先它作为生产的物的要素为产品生产提供使用价值意义的手段和原料，同时它却又作为一种财产权利对生产过程实行控制和占有。如果是在个体所有制条件下，两要素财产权利对生产的控制与占有是合一的，如果两要素财产权利主体是分离的，则由二者分享对生产的控制和占有。在这样一个发展阶段，生产资料还只是与劳动并列的要素财产权利，还不是资本。

只有当人类的生产活动采用了雇佣劳动的形式，生产资料作为财产权利才进一步转化为资本。劳动力成为商品是这个转换得以实现的枢纽，或者说是节点。我们在第二章分析过，生产资料作为生产的物的要素财产权利，其最一般的表现就是货币，因此它可以执行购买的职能。劳动力之所以成为商品，就是因为生产资料的财产主体在购买，也只有这一个劳动力的购买主体。而这个购买的实质可以说是生产的物的要素财产权利兼并了劳动要素的财产权利。而对劳动者而言，由于他让渡了劳动力的使用权，因而也就丧失了劳动要素的财产权利。这样一种交易的结果反映到所有制层面上，两要素财产权利的相互关系演变成了物的要素的一元主体财产权利。这也构成企业主所有制演变为资本家所有制的关键。在个体所有制那里，两要素财产权利合一于劳动者主体，劳动要素的主体同时是物的要素的主体。而在资本家所有制中，两要素财产权利主体又合一了，但却倒了过来，非劳动的物的要素主体（这里不涉及管理或创新劳动）竟然同时是劳动要素的主体了，这是两种性质截然相反的私有制。这也就是马克思所说资本主义私有制对小私有制的第一个否定。而否定之否定当时的马克思认为应该是由社会主义来完成的任务。

只是在物的要素占有了劳动要素的财产权利那一刻起，生产资料才获得魔力成为了资本。什么是资本？资本就是能够实现增值的价值。为什么资本能够增值？因为资本占有了劳动，而这个劳动能够创造大于自身价值的价值。但这个劳动事先已经因为劳动者让渡了劳动力的使用权而归属于物的要素主体了。所以，资本不但是生产的物的条件，而且还是作为生产的社会形式的要素财产权利，不但是一种要素财产权利，而且还是剥夺了劳动的财产权利独占性的财产权利。

我们在这里谈论的似乎只是马克思主义经济学的常识。虽然今天的社会意识已经不唯马克思是瞻了，但是如果把马克思的分析放到他所处的时代，笔者认为这些分析是符合当时的资本家所有制的。而且在当时的社会条件下，并不只有马克思一个人在这样说，只不过马克思最精辟，因而是最终完成者。其后一百多年来，资本主义经历了巨大的发展变化，这个发展变化至今也没有停止。以今观之，资本家所有制只能说是资本主义生产关系的古典形式了。用当今的资本主义来指证昔日的马克思所论不确，这样一种思想方法本身可能也是有毛病的。刻舟求剑是也。

马克思的分析对于我们今天认识问题仍有指导意义。生产资料只有经过劳动力成为商品才转化为资本。这应当成为我们观察当代社会生产关系（无论是资本主义还是社会主义）所应当秉持的一个基本观点。生产资料并不天然是资本，资本只是雇佣劳动制度赋予生产资料得以无偿占有他人劳动的一种社会属性。这种占有采取了看似合理甚至是不知不觉的表面形式，所以很能蒙人。这个形式有两方面的特点。

第一，由于工人得到了工资，他的劳动要素的财产权利似乎没有丢失。他到资本家的厂里去干活，资本家就发给他工资，工资无论是计件还是计时，都和他劳动的多少相联系。他干得多得到的工资就多，干得少得到的工资也就少。这似乎表明，工资是和工人的全部劳动相对应的，工人的全部劳动都表现为有酬劳动。如果工资水平处在社会认可的正常状态，那么工人领了工资之后就可以去购买，获得他的生活得以维持的各种必需品，并且过上一份社会认为正常的生活。这似乎可以使工人得到一种安慰，即雇佣劳动和小私有制条件下为自己的劳动在结果上没有什么区别，反正生活是可以维持了。既然劳动者自己已经丧失了生产的物的条件，那么通过为别人劳动来获得收入以维持生活似乎也没有什么不可以的了，不这样又能如何呢？这正是雇佣劳动制度建立起来之后不再需要暴力来维持的一个重要原因。历经几代人之后雇佣劳动已经成为无产者谋生的唯一选择，成为了一种既定的社会意识和生活方式。他们甚至不会再去思考这合理不合理。如果工人感到有什么地方不合理，甚至为这不合理而举行罢工，那也只是嫌工作日过长、工资过低等等，并不涉及雇佣劳动自身。

第二，生产资料作为生产的物的要素本来就是一种财产权利，作为要素的财产权利就是要在要素介入的生产中实现对生产结果的占有。在雇佣劳动中，既然工人已经获得了工资，似乎工人已经拿走了劳动中属于他应有的份额，那么剩余的部分，当然就归属于物的要素的财产权利主体即资本家了。同样这看起来也没有什么不合理。即资本家所得到的似乎是他投入的生产资料的回报，这个回报被称为利润。

在上面的表象中，资本所得被看成是要素回报，是物的要素财产权利的实现。但我们知道这只是一个假象，实质是已经具备资本属性的生产资料剥夺了劳动的所有权，无偿占有了劳动要素创造的成果。但这个实质却隐蔽着不易察觉。久而久之，在直观的层面上，资本家所有制展现出来的就是这样一种社会秩序：工人只有到资本家的工厂去干活才能找到工作，才能养家糊口，而任何人只要掌握生产资料，只要把生产资料投入生产过程，就能得到利润，好像生产资料天然是资本了。

本来，如果单纯从人类生产活动出发，劳动者进入劳动过程只是为了生产产品，而为了生产产品，他要使用工具，对原材料进行加工。这时劳动者接触和使用的劳动手段和劳动对象，只是特定的物，只是具有各种特定功能的使用价值。但是由于人的生产活动总是在一定的社会形式中进行的，这种社会形式就使得生产要素被赋予了特定的社会属性。在雇佣劳动条件下，劳动者就成为了雇佣工人，其社会属性是为雇主即资本家劳动。而生产资料就成了资本，其社会属性是占有工人创造的劳动，使之转化为利润。这时候劳动者在生产过程中所接触和使用的各种物的条件，就不再是有特定功能的使用价值，而是资本了。它们并不是帮助工人生产产品，而是为了要吸吮工人的剩余劳动。在人类生产活动的资本主义社会形式下，生产资料作为生产的物质条件的自然属性和它作为一定的生产关系的资本属性二者合二为一了。生产资料就是资本，资本成了生产资料的另一个名称。生产资料由于承载着一定社会关系而被赋予的特定属性，如今神奇地变为了物所天然就具备的属性了，资本因为占有劳动而获得了利润，如今变成了生产资料自身就能产生利润，总之，生产资料天然是资本了。

被马克思称为庸俗学派的一些资产阶级经济学家就是这样看问题的，他们并不认为资本是一种特定的社会关系，而是认为资本之所以能够增值是因为生产资料本身就具有这种属性。甚至不是资本主义才有资本，而是只要人类的生产活动一开始，资本范畴就已经存在了。"在野蛮人用来投掷他所追逐的野兽的第一块石头上，在他用来打落他用手摘不到的果实的第一根棍子上，我们看到占有一物以取得另一物的情形，这样我们就发现了资本的起源"（《资本论》第一卷第209页）。马克思所引的这段话，典型体现了把资本和生产资料混为一谈的混乱或别有用心。

把资本的属性当作生产资料的天然属性这样一种认识还包含着更加深刻的原因，即庸俗的资产阶级经济学家企图把资本主义的生产方式当作人类永恒的、自然的生产方式，似乎自有人类的生产活动起，生产就采取了这样的社会形式，从来都没有改变过。所以也就出现了很多这样的分析和论述，即用资本主义生产方式的观点和经济范畴去分析历史上其他社会经济形态中人的生产活动。显然，这是为资本主义制度辩护的一种方法。值得警惕的是并不只有资本主义的辩护士们才有这样一种思想方法。因为在任何一种社会经济形态中，作为人类永恒的物质资料生产活动的生产一般，总是和带有特定的社会形式和社会属性的生产个别同一的，因此把个别的某种特有的社会属性当作永恒的一般的属性似乎是很容易发生的观察错误。问题在于这样一种观察错误却会将我们引入歧途。按马克思所说，社会主义是对资本主义的否定之否定，但是如果不能清晰地将社会化大生产基础上的生产一般和资本主义社会形式和属性的生产个别区分开来，那就不能达到真正的否定之否定。笔者在上一本书中提到对现阶段的社会主义公有制不宜作过高评价原因即在此。当然，笔者认为当代资本主义和当代社会主义已经不是有你无我的对立关系。但共产党人总是因为资本主义有所缺陷才搞社会主义的，那么在社会主义生产关系的开辟和建立中就应当明白哪些是我们不得不继承的东西，哪些是我们一定要拒绝和剔除的东西。

四、工资不是劳动要素财产权利的实现

这个问题前面已经谈到了，但仍有专门分析的必要。雇佣劳动的非正义性，或者说得平和一些，其历史局限性在于它剥夺了劳动者对自己劳动的所有权。所以工资不是劳动要素财产权利的实现。如果说在雇佣劳动条件下工资就是劳动要素的回报，就是劳动要素财产权利的实现，那么这个劳动要素的财产权利是大大地削弱矮化了，削弱矮化到了不公平的地步。但是雇佣工人的工资是一个十分纠结的问

题，各方对这个问题并没有形成共识。即使在我们国家，如果要作稍微深入一点的探究，很多认识也并没解决。

当代西方经济学早已脱离了资产阶级古典经济学家斯密、李嘉图等人的分析轨道，回避了对工资本质的研究。当代西方的分配理论认为，社会生产的各方都是不同的生产要素所有者，由于都投入了要素，则理应获得回报，各方的所得其实就是自己的要素价格。这样产出在各要素所有者之间如何分配的问题就成为了要素价格如何确定的问题了。既然分配问题已经演变为价格形成和价格确定问题，那么价格理论也就可以用来分析分配问题。因此，边际产品理论、由供求关系导致的均衡价格理论等都可以成为要素价格形成的依据。工资就是劳动的价格（或租金），利润就是资本的价格，由于都按照边际收益来确定，因而也就达到了各要素供给之间的均衡，那这样一种分配自然就是公平的，没有谁剥削谁的问题。

评价和分析当代西方经济学的分配理论不是本书的任务，我们也不宜用意识形态的话语体系作简单的取舍。同一个对象物可以被许多不同的学科去研究，由于出发点不同，分析方法和手段不同，要达到的目的不同，因而也就会有不同的发现和结论。当年的马克思虽然发出了自己的声音，但他不属于当时社会的主流话语体系，西方经济学依然按照自己的轨道（按马克思所说是庸俗倾向）向着实证和应用的方向发展。在上述分配理论的体系中，你若发问工资是什么，他回答：工资是劳动要素的价格，你说这种回答算回答吗？就他所要解答的问题即工资如何确定、多少才合适而言，这样的回答已经够了。其实马克思有时也使用"劳动力的价格"或"劳动的价格"这一类说法。马克思甚至也分析供求对劳动的价格即工资的影响。你若说我要的是能够穷尽生产关系本质的回答，他也许会说这不关我的事。如果我们不采用对立的思维判断，这些不同的观点也许都可以有存在的空间。当然如果能相互衔接贯通固然更好，但有不一致也无妨，未必非要作出非此即彼的选择。有的人因为当代西方工资理论采用了要素价格学说，就认为马克思的分析不对，或者因为这些学说与马克思的分析不符，就认为都是在为资本主义辩护，如此均似欠妥。

但我们在这里是分析所有制问题，分析两要素财产权利的相互关系，因此雇佣劳动条件下工资的本质是必须要弄清楚的。这里有三个相关问题。其一，劳动者丧失了劳动的物质要素之后，是否就只能放弃为自己的劳动而让别人来占有自己的劳动，或者说只好为别人劳动。这其实说的是雇佣劳动的历史合法性。其二，劳动者所创造的价值大于工资的价值，这是谁也无法否认的，多出来的这一部分就成为了资本所得，这个合理性又在那里？其三，工资是否能够超过劳动力自身的价格？

如前所述，马克思把资本主义私有制视为对劳动者个体所有制的小私有制的第一个否定。在这里劳动者的个体所有制具有标杆的意义。实际上，当时的资产阶级经济学家往往也是这样看问题，即小私有制具有天然的合理性，劳动者自己拥有生产的全部条件，他自己就可以组织生产，同时占有全部的劳动产品。正因为如此分配问题的源头理论就由此而生。劳动者对自己劳动的所有权是一切财产权的基础，是最神圣不可侵犯的。所以，自己劳动，自己占有，这是最完美的。而如果两要素财产权利主体发生了分离，那就是不完美。在不完美的情况下退而求其次，在组织社会生产的时候两要素财产权利如何组合呢？前面分析过农业社会中的租佃制或分成制，在这种所有制中，佃农的劳动要素与地主的土地要素依然有一定的并列关系，可以参与对劳动成果的分配。而在资本主义的雇佣劳动中，企业主买走了劳动者劳动要素的使用权，这是劳动者地位的进一步丧失。马克思经常把雇佣劳动与奴隶劳动相比较是有道理的，不能以为这只是为了煽动革命。

如果把雇佣工人的工资与个体劳动者占有自己的全部劳动相比较，雇佣工人显然没有得到自己劳动的全部成果。当然这首先是因为物的要素是别人的，物的要素的所有者当然也要实现自身的财产权利。但是工资一般是事先约定的，工资之外的部分就全部归资本家所有，这样生产效率提高之后的增加值就与工人无关，全部由资本家独享。而在前述农业社会的租佃制中，地租往往是事先约定的，即使分成，佃农也有可能通过提高生产效率来增加自己的所得。

众所周知，工资是进成本的。工资只是劳动者在生产过程中自身消耗的补偿。这和纳入成本的机器折旧以及原材料消耗是一样的。问题在于物的要素在走出生产过程的时候不但恢复了自身，其所有者还能得到利润，而劳动者走出生产过程就仅仅只能恢复自身，只好再去被雇，怎么能说这种分配方式是合理的呢？所以只能说工资不是劳动要素财产权利的实现，而是劳动要素财产权利的被剥夺。如果没有这一点，雇佣劳动也不成其为雇佣劳动了。总而言之，马克思关于商品价值 $W = C + V + M$ 的公式似乎还未见到有人反对，如果 V 就是工人劳动要素的价格，那么资本的要素价格其实是 C，如果说 M 是 C 的要素回报，那么 V 的回报又在哪里呢？这足以说明雇佣劳动条件下劳动要素财产权利是被剥夺的。

当然，如果客观地看问题，资本主义渡过了原始积累阶段之后，雇佣工人的工资水平是逐步提高的。尤其是到了当代，领工资的人并不是处在水深火热之中。中国现在已经是全球第二大经济体了，但我们的人工还是比人家低得很多很多。其实，马克思对资本主义社会雇佣工人工资的上升有很客观的看法。资本家的贪欲固然会使他们想方设法压低或减少工人的工资，但这未必任何时候都会得逞。马克思指出工资"应当足以使劳动者个体能够在正常生活状况下维持自己"，而这样一种消费的需求和范围"本身是历史的产物"，"多半取决于一个国家的文化水平"，还包含着"历史的和道德的因素"（《资本论》第一卷第 194 页）。我们可以这样来理解：即一国的工资水平是和该国文明的发展程度密切相关的。这就可以理解当年英国政府任命的工厂视察员有的为维护工人的权益、改变工人悲惨的命运而与工厂主展开了不懈的斗争，马克思表达了对这些人的崇敬。马克思还看到了工人有可能分享剩余产品的这种趋势，他指出随着资本效率的提高，在剩余产品中"会有较大的份额以支付手段的形式流回到工人手中，使他们能够扩大自己的享受范围，有较多的衣服，家具等消费基金，并且积蓄一小笔货币准备金"（同上第 677～678 页）。工资不但使工人有可能过上较好的生活，而且可以形成积蓄。这可以用来说明资本主义的工资有可能超过劳动力的价值，而且马克思也指出这来源于剩余价值的一部分。但尽管如此，资本主义雇佣劳动的基本性质决不会因此而改变。"工资按其本性来说，要求工人不断地提供一定数量的无酬劳动……工资的增大至多也不过说明工人必须提供的无酬劳动量的减少。这种减少永远也不会达到威胁制度本身的程度"。资产阶级经济学家对此也了解得很清楚：工人就业的界限在于"雇主能够从他们的劳动中榨取利润，如果工资率过高……雇主就不会再雇佣他们"（同上第 679 页）。

也许有人认为，马克思也设想社会主义仍然可以使用工资范畴。但这是有前提的，即商品生产和雇佣劳动已经消灭，所以可以抽象掉资本主义生产的社会形式，回归到事物本来的意义上，即将工资"归结为工人本人劳动产品中加入工人消费的部分"，如果工人从资本主义的限制下解放出来了，那么工资就可以"扩大到一方面为社会现有的生产力……所许可，另一方面为个性的充分发展所必要的消费范围"（《资本论》第三卷第 990 页）。现实的社会主义并不是如此。

▶ 五、资本主义所有制的要害是劳动要素财产权利的丧失

　　以上对资本主义雇佣劳动的分析再次提醒我们，只有从两要素财产权利的相互关系出发才可能对所有制有一个全面的认识和把握。所有制作为生产条件的分配不但是生产资料的归属问题，另一方面也是劳动的归属问题，后者可能更重要更能触及所有制的本质。生产资料的归属固然重要，但从最终目的来讲它只是一个手段，只是为了实现占有劳动这样一个目的之手段。当然作为所有制的不可分割的组成部分，两要素财产权利是互相依存的。劳动要素如果没有物的条件，现实的生产劳动就无以展开，不但创造不出物质产品，现代经济中的服务也创造不出来。而物的要素如果不能掌握劳动，那么要素回报也就没有着落。没有租出的土地当然收不到地租，没有人上班的工厂当然也没有利润。

　　如果单纯从生产资料的归属来加以考察，那么就会认为个体所有制，大土地所有制，资本家所有制统统都是私有制，所不同的只是私有的主体变了，从劳动者变为地主，又从地主变为资本家，似乎再观察不到更多的东西。但如果再从劳动归属的角度来考察，所有制理论就能更加丰富生动起来。从劳动者属于自己的劳动，变为地主和佃农两要素主体的分成制劳动，到最后变为隶属于资本家的雇佣劳动，这恰恰是劳动要素财产权利逐步丧失的过程，也是不同所有制的奥秘所在。虽然马克思似乎没有用很明确的语言来说明他对所有制的分析方法，但他对资本主义生产关系的分析，对资本家所有制的分析

确实牢牢把握了劳动者劳动的归属这一本质问题。也正是因为这一点，马克思才把资产阶级的所有制称为对劳动者个体所有制的第一个否定。更加重要的是马克思据此提出了社会主义革命的任务，社会主义公有制的建立是否定之否定：在联合劳动的基础上重建个人所有制。决不能以为马克思在这里只是在经济学研究中玩一把或炫一下自己来自于黑格尔的哲学修养，这实实在在是科学的论证和预言。如果我们还自认是马克思的弟子，那么真正理清避免误读马克思的思路至少有重要的借鉴意义。否则天堂里的马克思大概又只好说"我只知道我自己并不是什么马克思主义者"了。

第五章
公有制与私有制的同源性

由于马克思恩格斯在《共产党宣言》中提出了消灭私有制的主张，其后的社会主义者们据此将公有制与私有制视为对立的两极，以为二者互不相容，只有消灭了私有制，才能建立公有制，而坚持公有制就是坚持社会主义。其实这样一些认识，未必符合马克思的本意，也不见得符合历史发展的趋势。

▶ 一、公有制与私有制在历史上是长期共存的

在人类社会发展的各个历史阶段，公有制与私有制经常是并存的，而且相互之间并不冲突，有时甚至具有相同的经济属性。人类最早的所有制当然是公有制，到原始共产主义的后期，私有的对象物逐渐增多，最终导致原始共产主义的瓦解，而这私有的成分是在公有制内部逐渐萌发的。

即使公有制瓦解之后进入了以私有制为主体的发展阶段，公有制也并没有消失。例如中世纪的农业社会，在西方国家大土地所有者、小土地所有者虽然都私有了土地，但是在很多地方，农村却依然保留有公共土地。这些公共土地并不属于任何个人私有，无论是大土地所有者或小土地所有者，或者别的什么人在很长的历史时期都没有去改变这些公有土地的属性。在有的地方还有一些土地属于教堂所有，这其实也是另一种形式的公有土地。这种农村的公有土地可以

认为是原始社会公社所有制的残留，但在很长的历史阶段里一直与私有制和谐相处。不应当把这些公共土地视为是过去人口稀少，土地资源很丰富因而荒芜的没有价值的东西。在有的原始社会公社所有制保留得比较多的地方，农民要用服劳役的形式来耕种公田，其产出或者用于向国家交税或者用于所在村庄的公共开支或储备等等。旧中国封建宗族关系保留比较完整的地方，也有属于宗族的公田，其产出可用于宗族的公共事务或接济贫户等等。而在更多的地方，尤其是对小农以及只拥有少量生产要素的佃农甚至是部分农奴而言，公共土地对维持他们的生计更是必不可少的。公地是小农放牧自己耕畜乃至家畜的主要场所。如此一年下来，所节省的饲草饲料费用对小农来讲绝不是小数，如果没有这公共土地的牧场，不少小农可能就会破产。此外有些公共土地中可能有小河、湖泊、山丘，有草地或森林等等，可以为小农提供捕鱼、狩猎、编织，薪柴等生计。恩格斯把这些公共土地视为是小农生存的一个基本条件，这是符合实际的。在这里公有制成为私有制的外部条件，成为其必要的补充。

这种状况直到资本主义迅速发展的阶段才被改变。资本主义的商品生产方式要求大规模地集约使用土地，土地兼并不可避免地加速进行，强占公有土地就是其中的一个重要方面。其结果是导致了大批小农的破产，沦为雇佣工人的后备军。这当然实现了资本主义生产方式的双重目标：既集中了土地生产要素，又获得了源源不断的雇佣工人的供给。这种公有制被消灭导致小私有制破产的现象很少成为我们研究所有制问题时的观察角度，我们只习惯于公有制与私有制的对立，而在这里却是二者一致，一损俱损，小私有制靠公有制来涵养支撑。当然，这同一个历史现象如果从资本主义私有制发展的角度来观察，又构成公有制与私有制的对立，消灭农村的公共用地是资本主义生产方式扩张的条件。附带说一下，马克思恩格斯认为资本主义的发展必然导致农村的个体农民破产，这是他们主张社会主义革命胜利后农业合作化的唯一依据。但这也只是一种线性的逻辑推理。事实是当代西方资本主义国家在农业集约生产的同时，大量的小农依然保留了下来，但生产的技术水平却与时代同步。这是由于社会选择了以农业生产中分工环节的社会化来代替了土地要素的社会集中。生活所能提供的答案永远比理论丰富。

从近代资本主义的发展直到当代资本主义，我们一直是用私有制的概念来概括西方国家的所有制关系，但其实是不够全面和准确的。如果把国家所有制或者公营经济视为公有制的一种形式，那么资本主义社会从来也没有抛弃过这种所有制形式。在马克思的时代，像修铁路、建银行这样一些需要巨额资本的事情，就是资本主义国家来做的。在当代资本主义的国家，很多公用事业还是以国家的名义由公营经济来做的。政府还拥有巨额的国有资本，例如美国的联邦住房管理局和小企业管理局是购房者和小企业借入资金的重要供给者，其条件自然是优于私人银行。在近年的全球经济危机中，以美国为代表的西方国家甚至不惜向私人银行注入巨额国有资本来挽救危局。我们可以用意识形态的语言来说这些资本主义的公营经济是为私人资本家服务的，但如果客观地看问题，应当认为资本主义国家的公营经济承担或发挥了社会服务的功能，弥补了私人经济或市场经济的不足。当代西方经济是不宜只用私有制来作简单概括的。

中国的情况也是如此，在漫长的封建社会中，代表朝廷的官营经济一直是社会经济中的重要力量。其目的是为了巩固中央集权的朝廷统治，故用官商来抑制地方豪强和私商。历朝历代凡对国计民生有重大影响的均官办官营，非特许民间不得经营。因此分析中国封建社会的生产关系亦即所有制关系，不把官营经济纳入分析范围就不可能得出正确的认识。在改革深入发展需要重新布局的今天，搞清这个问题有重大意义。

社会主义中国建立之后，大概在社会主义改造完成到文革结束这二十年左右的时期里，真的是公有制的一统天下，私有制到后来几乎一点没有了。不知道这在人类历史上算不算空前绝后，同时代的其他社会主义国家有没有改造得这么彻底无从得知。但这样的效果并不好。上个世纪的 70 年代，笔者在秦岭山区从事农村工作，那时是三件大事：学大寨，农业上纲要，农业机械化。作为一个青年知识分子干部，每天天亮前几小时就起来和农民一起干活直到半夜，一天只能睡四五个小时，干着超负荷的重体力劳动，想尽了办法，出尽了力，粮食产量就是提不高。那时候的县委书记和公社书记们全身心地扑在工作上，也无济于事。三件大事一件也抓不上去。在乡下工作期间，有时候就会碰到社员找干部借粮，说家里断炊了。干部就批评这家人不会过日子，别人家分的粮没吃完，怎么你家就没粮了。改革开放之后，发展多种经济成分，有些事情好像你没怎么用力，它自己就解决了。人口越来越多，耕地越来越少，而农产品之丰富经常令我惊奇。三十多年来，多种经济成分并存是中国经济的一个现实，国有经济、民营经济、外资经济都很活跃，整个国民经济的持续增长令全球瞩目。虽然不同所有制之间的相互关系我们没有处理到成熟的地步，在 80 年代到 90 年代初可以说是民进国退，90 年代末至今的十多年却是国进民退，但笔者坚信这些问题是可以处理好的。而且这不影响我们作出这样的判断：单一的公有制不是成功的社会主义，公有制和私有制以及其他经济成分在社会主义照样可以并存，而且唯有这样才有利于生产的发展和社会的进步。

封建社会、资本主义社会以及当今的社会主义社会，公有制和私有制其实都是处在一种长期共存的状态之中。

▶ 二、即使是同种所有制也会有对立的属性

以上的分析说明公有制和私有制其经济属性不一定是对立的，在社会的常态中，它们可以共存，甚至互补。倒是同一种所有制形式，相互之间却有可能对立或冲突。这是大家都能感觉到或看到的事实，却较少被分析认识。

这里最典型的是两种不同的私有制，大私有制和小私有制即劳动者个人的所有制。这是两种截然不同的所有制，把它们统统归类为私有制，现在想来实在太过牵强。马克思指出"私有制的性质……依这些私人是劳动者还是非劳动者而有所有不同"（《资本论》第一卷第 829～830 页）。小生产者即个体劳动者的所有制之所以被称为私有制，是因为这些劳动者自己拥有生产的物质条件，如个体农民他耕种的土地是他自己的，手工业者他运用的手工工具或者作坊是他自己的。因此这些个体所有制也就被称作了私有制。当然从原始社会的公有制瓦解的角度来看，生产的物质条件被个人占有和所有了，说这是私有制也说出了生产资料归属方面的特征。但这样的概括却容易令人忽视个体所有制的另一个本质特征：这是一种以自己劳动为基础的所有制，是"靠自己劳动挣得的私有制"（同上第 830 页）。在这种所有制中，所有制的主体即要素财产权利的主体亦即劳动者之所以能够"挣得"亦即获得生产的成果并具备所有权，靠的是自己的劳动，是靠劳动来占有，因为他占有的是自己劳动的成果。在这个所有制中的另外一个要素即生产的物质条件所起的作用仅仅是为劳动者提供劳动的条件、手段、对象，提供劳动者生产产品的物质条

件。也就是说，这里的生产资料非常"守本分"，它只是在物质产品生产过程中起生产条件和对象的作用。如果从个体所有制之外来观察这个生产资料，几乎可以认为它仅仅只是物、是纯粹的使用价值，没有什么另外附加的社会属性和功能。虽然也可以说个体劳动者是凭自己的生产资料所有权来实现占有，但他占有的只是自己劳动的产品，劳动是基本的占有凭据。

　　个体所有制中生产资料的这种偏于纯粹使用价值的属性与奴隶主、地主、资本家手中的生产资料属性有本质的区别。在后面这几种所有制即大私有制中，生产资料确确实实是这种大私有制实现占有的主要依据，而且是去占有别人的劳动和别人劳动的产品。大私有制私人占有的生产资料是超出了个人使用范围的生产资料，这种占有的目的并不是为了自己劳动的需要。拿资本家私有制来讲，如果我们不分析资本家可能会有的作为企业家的管理劳动和创新劳动，那么他占有这些生产资料的目的只是为了占有，只是为了让许多劳动者来为实现他的商业目的而劳动，并且支配和占有这些劳动。因此，我们也可以认为大私有制中的生产资料不是物，而是承载着特定的社会关系。个体劳动者被称为小私有者，其占有生产资料的目的只是为了实现自己的劳动。而大私有制占有生产资料的目的却是为了支配和占有他人的劳动。如此性质截然相反的两种所有制却归为一类，他们站在一起互相的感觉可能也是怪怪的。当然，小私有如果经营成功，加上其他因素，有可能发展为大私有制，现实中有这样的案例。但是如果把会发展演变成大私有制当作小私有制的固定属性，那不符合事实，也会导致政策上的错误。因为即使是一个无产者，只要机缘凑巧，加上敢冒险，也有可能成为一个大私有者，但这说明不了什么。

　　大量的历史事实是小私有制和大私有制总是处在尖锐冲突之中。封建社会就是如此，大土地所有者总是用种种手段来侵吞兼并个体

农民的小块土地，这是封建社会长期存在的一种社会矛盾和冲突。到
资本主义社会就更是如此，小生产的破产成为资本主义生产方式的
历史前提。苏联的开创者把小生产者视为自发的资本主义势力，用对
待敌人的方式来对待小生产者，实在是贻患无穷。

另外，公有制尤其是其中的国家所有制可以被各种不同的国家
来采用并且体现完全不同的国家利益也是人所共知的。在这种情况
下，公有制作为一种所有制形式，只是起到工具和手段的作用，本身
并不具备固定的经济属性。而且社会主义的公有制顾名思义生产资
料是集中为全社会共同占有的。我们认为这些国有经济是代表全民
利益的，但实际上市场经济条件下他们只是谋求企业自身利益的各
自独立的商品生产者，他们在市场上的表现与私有制企业没有区别。
当他们在市场上相遇的时候一样会开展竞争，甚至发生争斗，并不因
为在经济属性上都是公有制企业而体现出相互利益的一致性。而对
于其他经济成分，公有制企业更是居高临下。这样的所谓公有制与私
有制几乎可以曲径通幽了。

▷ 三、作为生产资料所有制的公有制和私有制

一个既定的作为对象物的生产资料，其所属关系是确定的、唯一
的，不是公有就是私有，从这个角度来讲，公有制和私有制相互对立
的关系是成立的。因此，对于资本家的私有制，如果不夺过来，无产
阶级的国家所有制或者全社会共同占有的公有制就无从建立。这也
许是马克思恩格斯在《共产党宣言》中主张暴力革命的原因吧。当
然，后来他们的观点也发生很大的变化，恩格斯在宣言再版时多次提

到那些革命的主张现在已经没有什么意义了，而且恩格斯说马克思和他多次探讨从资产阶级那里赎买的可能性。这些是题外话。

但是如果从更广阔的历史背景来观察，两个相互对立的事物未必是纯粹的正反关系，它们或许还会具有相似性甚至同源性。众所周知，所有制或者说生产关系一般是指人类社会生产过程中人和人的相互关系，用笔者在本书中的说法，是两要素财产权利的相互关系。而在每一个具体的历史阶段，因为在一定生产力水平上从事物质资料生产的方式不同，所有制也就有不同的具体形式。但任何一种人类社会的历史形态，短则几百年，长则千年甚至万年，因此在这个历史阶段中具体形式的所有制具有相对的稳定性和延续性，因为生产不但是产品的生产和再生产，而且是生产关系的再生产。因此对于处在某个历史时期的个人来讲，他所面对的是历史传承下来的某种既定的所有制，这种所有制成为了一种传统和固定的社会秩序，并且得到法律的保护。这会使他以为所有制从来就是如此，从而陷入一个认识的误区：把某个时代特定的具有历史暂时性的所有制视为永恒的普遍的历来如此今后也如此的一般形式。我们现在正是处在这个认识误区之中。

原始社会瓦解之后，人类所经历的奴隶社会、封建社会、资本主义社会其所有制的主导形式都是大私有制。虽然个体所有制一直都存在着，但占主导和主体的是大私有制。如同我们前面分析的，大私有制的基本特征是凭藉生产资料的所有权支配和占有他人的劳动。在这种所有制中，本来作为物，作为使用价值的生产资料在社会关系的掩护下取得了占有他人劳动的属性，这就使得社会在所有制的逻辑上形成了一个通行规则：谁占有生产资料，谁就占有劳动。生产资料的所有者这样看，连丧失了生产资料的劳动者也认为这天经地义。在这种大私有制中，生产资料要素的财产权利处于支配和主导的地位，而劳动要素的财产权利则矮化或被剥夺。两要素财产权利相互关系的所有制逐步变成了一元要素的生产资料财产权利。这样一种认识上的偏差对我们社会主义的所有制建设产生了很大的影响。主要表现在两个方面。

第一，对劳动者的个人所有制缺乏全面认识，把个人所有制也当作是生产资料所有制的一种类型，即个人私有生产资料，从而把它与大私有制归为一类。

第二，以为生产资料所有制是所有制的永恒形式，以为社会主义的生产关系即所有制只要把资本家私有的生产资料拿过来归国家公有，社会主义的生产关系就建成了。

因此，我们现在的被奉为代表全体人民利益的作为社会主义本质特征的国家所有制的公有制其实和大私有制在基本特征上相似和同源，即都是单一要素的生产资料所有制，延续的都是谁占有生产资料，谁就占有劳动的老道理。《共产党宣言》宣称："共产主义革命就是同传统的所有制关系实行最彻底的决裂，毫不奇怪，它在自己的发展进程中要同传统的观念实行最彻底的决裂"（《马克思恩格斯选集》第一卷第258页），只有同传统的来源于大私有制的所有制观念彻底决裂，才能构筑同传统的私有制彻底决裂的社会主义所有制。而这就要从改变"谁占有生产资料，谁就占有劳动"这个陈旧的所有制逻辑开始。我们知道这个逻辑的形成，靠得是以下的历史逻辑。

第一，社会上生产资料与劳动这两要素的财产权利主体分离，一方面是掌握了生产资料包括土地的大私有者，另一方面是丧失了全部劳动条件的劳动者，劳动者已经不可能在个人所有的范围内实现为自己的劳动。也就是说劳动者已经丧失了为自己劳动的条件。

第二，社会对这个问题的解决之道是劳动者让渡自身劳动力的使用权，由为自己劳动转变为受他人指使为他人劳动。

第三，生产资料的所有者以给劳动者支付工资为由占有劳动者的劳动，所有制成为了占有他人劳动的所有制。

我们的社会主义革命或社会主义改造搞得轰轰烈烈，而且是在以阶级斗争为纲的路线下开展的，我们对作为企业主的资本家等私有者进行了道义上的审判和谴责，私有者即为剥削者，靠剥削劳动者而自肥，因而剥夺（或赎买）他们具备历史的正义性。但仔细一看，公有制的建立却并没有改变以上代代相传成为传统和习惯并人人视为理所当然的历史逻辑，仅仅是由国家取代了私人资本家成为了生产资料的所有者而已，其他一切都照旧。尽管国家声称代表全体人民，但基本格局仍是第一，国家作为生产资料所有者为一方，仅仅拥有自身劳动力的劳动者为另一方，两要素财产权利主体相分离的状况没有改变，劳动者依然无法实现为自己的劳动。因此第二，生产资料与劳动力的结合仍然以劳动者让渡自身劳动力的使用价值为前提，而以劳动被他人占有、劳动者仅仅得到工资为结果。因此第三，我们的公有制依然是支配他人劳动力的所有制，是占有他人劳动的所有制，是劳动要素的财产权利不具备主体地位，因而实际上丧失的所有制，是单一的生产资料所有制。因此，以下的说法并不离谱。

我们现在的公有制和我们视为剥削制度的私有制同源于两要素财产权利主体的分离，同类于单一主体的生产资料所有制，同质于支配他人劳动力的所有制，同异于劳动者自己劳动的所有制，同属于不同主体的采用雇佣劳动的所有制。笔者一再呼吁对我们现在的公有制不宜作过高评价的一个起始原因即在于此，而公有制的现状则是进一步的原因。我们的公有制从其消灭了旧社会的剥削制度，便于国家在较短时期内集中资源加快建设，使人民脱贫，使国家强大等作用和贡献来讲有其历史的合理性、必要性，但如止于此，则会问题越来越大。我们的社会主义已经搞了六十多年了，马克思主张社会主义的目的是要消灭雇佣劳动，恢复劳动者自己劳动的权利，他主张的公有制是劳动者个人所有制在否定之否定基础上的重建。如果对此不作回应，那就不是真正的社会主义者了。

因此，如果总是秉持与私有制对立的思维去推进社会主义公有制的建设，也许并不是一个科学的思维。恰恰是《共产党宣言》在公开声称消灭私有制的同时却又明明白白地说："共产主义并不剥夺任何人占有社会产品的权利，它只剥夺利用这种占有去奴役他人劳动的权利。"（《马克思恩格斯选集》第一卷第 254 页）。谁能说生产资料不是社会产品呢？用来奴役他人劳动的社会产品不是生产资料又是什么呢？所以这句话可以置换成"共产主义并不剥夺任何人占有生产资料的权利，它只剥夺利用这种占有去奴役他人劳动的权利。"可见马克思主张消灭私有制只是为了要改变"谁占有生产资料，谁就占有劳动"这样一种剥削制度的所有制逻辑。这个剥削制度的逻辑经过传承，已经成为了传统和习惯，像妖孽一样灵魂附体于生产资料的使用价值上，成了生产资料本身的魔力了。连社会主义者们在相当长的时期里也没有看清这一点。

▶ 四、生产资料所有制的历史暂时性

人类的生产活动总是在一定的社会形式下开展的，因此所有制与人类的生产活动是相伴相生的。某一历史阶段的所有制总是带有那个时代的特征，因而也带有历史的暂时性，避免把所有制个别当作所有制一般是我们在研究所有制时应该注意到的一个问题。以上的分析已经说明所有制采取或表现为生产资料所有制的形式是和一定历史阶段相联系的，具有历史的暂时性，不应当把生产资料所有制视为所有制的永恒形式。特别是当我们进入社会主义社会之后，所有制是否仍然延续为生产资料所有制是需要认真对待的，因为这是一个

涉及社会主义基本经济制度的大问题。

所有制如果从不同的角度，按照不同的标准或依据去加以区分，可以使我们对所有制的属性和特征获得更多更完整的认识。

从原始社会开始，人类社会的所有制形式大约经历了这样一些变化：原始社会的部落或公社所有制，奴隶主所有制、封建所有制、资本主义所有制、社会主义公有制，以及在各个社会形态中都有可能存在的个体所有制。如果以生产资料的归属作为区分所有制的依据，那么以上各种所有制可以归结为公有制和私有制两个种类，原始社会和社会主义社会的所有制是公有制，其余的是私有制。这样，一切所有制都是生产资料的所有制，而且生产资料所有制似乎是所有制的永恒的形式，甚至使人认为所有制问题就是要处理和解决生产资料归谁所有的问题，而不同社会形态所有制的变动所改变的也只是哪个阶级、哪个社会集团拥有生产资料所有权的问题。

但是，我们也可以用劳动的归属为依据来观察和分析所有制。这样，人类历史上的所有制就可以区分为自己劳动的所有制和占有他人劳动的所有制这两类。原始社会的所有制和劳动者的个人所有制可以归为自己劳动的所有制，其余的则是占有他人劳动的所有制。原始社会的所有制之所以也归为自己劳动的所有制，是因为这大体符合事实。原始社会的人是共同占有生产资料的，通过简单的协作联合劳动，劳动产品也是直接满足生存需要的消费资料，在很长的时期里，生产是没有剩余的，因此也不存在剩余产品归谁和如何分配的问题，并不存在什么有别于劳动者的主体来占有劳动产品，因此，原始社会的所有制可以视为是劳动者自己劳动的所有制。当然，这也不是十分纯而又纯的，因为公社内部是可能存在奴隶和奴隶劳动的（来源于不被杀死的战俘），但这不影响我们对整体性质的判断。社会主义的公有制理所当然让人们觉得这是劳动者自己劳动的所有制，但我们已经有很多分析说明事实并非如此，现在的公有制依然是占有他人劳动的所有制。

按照本书所有制是两要素财产权利相互关系的观点来观察和分析所有制，可能更加有利于我们全面准确地把握一种所有制的属性和特点。这种观察角度既要分析两要素财产权利的主体是同一的还是分离的，又要分析在对劳动的占有上两要素财产权利主体各处于何种地位。特别是要分析在两要素财产权利主体分离的情况下，二者如何组合，如何去实现自身的要素财产权利。这样才能透过一种所有制的表象，达到其本质的理解。原始社会的部落或公社所有制以及其后的劳动者个人所有制中两要素财产权利主体是同一的，而且两要素财产权利在所有制中均具有主体地位。而封建的、奴隶制的、资本主义的所有制中，两要素财产权利主体是分离的，而且这些所有制中的主体只是生产资料所有者。仅仅通过这样的比较就可以使我们认识到生产资料所有制的历史暂时性。而且生产资料所有制之所以得以构建，是以剥夺劳动要素的财产权利为前提的，由此也使我们进一步认识到长期以来被我们神化的甚至陷入迷信的社会主义公有制，其实存在着严重的缺陷，并没有像我们以为的那样真正彻底否定了资本主义的私有制。

中世纪农村的租佃制尤其是其中的分成制，较有利于我们看清所有制是两要素财产权利相互关系的真相，地主占有土地只是一种生产要素的所有权，如同农民拥有自身劳动力也只是一种要素权利，还不是所有制本身。在租佃制和分成制中，地主是凭土地的所有权实现对农民劳动的占有，而佃农却是凭自己的劳动在地主的土地上获得自己劳动的收入。虽然这并不意味着佃农与地主有平等的地位，但是至少可以认为劳动力要素的财产权利得到一定程度的认可。在这点上租佃制或分成制与单一的生产资料所有制有着原则的区别。租佃制或分成制可以看作是个体所有制与大私有制之间的一种过渡状态，或者说是一种中间状态的所有制。

◉ 五、生产资料所有制历史缺陷的克服

既然生产资料所有制无论是其中的私有制还是公有制作为特定历史阶段的具体所有制形式必定具备历史的暂时性，那么它们一定会随着人类社会的发展而改变自己的形态。某种一定历史条件下形成的生产的社会形式肯定会有其必要性与合理性，但是也一定会有其局限性或缺陷。劳动者劳动力要素财产权利的缺失，劳动者自己劳动的缺失，劳动者的劳动受生产资料所有者的支配并且归生产资料要素主体占有是生产资料所有制最根本的缺陷，而资本主义社会早期的资本家私有制把这种缺陷扩大到了最极端的地步。当时资本主义工厂对工人剥削之残忍，工人生活之痛苦和不幸是整个社会关注的焦点，并不只有马克思恩格斯才发出了批判的声音。可以说对这种资本主义生产方式的审视与批评是当时一股十分重要的社会思潮。毋宁说马克思恩格斯的主张某种意义上正是这股思潮催生的。当时如欧文这样的空想社会主义者，普鲁东这样的小资产阶级社会主义者，很多资产阶级的经济学家，马克思恩格斯领导下的共产国际中的许多社会民主党人，甚至资产阶级国家的议会，政府等都在这个方面发出自己的声音，提出相关的主张和举措。从所有制理论的角度来观察，说明社会各界都感觉到了资本主义生产资料私有制的缺陷和不足。

几百年来的资本主义社会一刻也没有停止自己的发展变化，商品经济本身就有这种动力。当代资本主义的所有制依然是生产资料的所有制，资本雇佣劳动的本质没有改变。但是有了两个方面的调整，其一，股权已经多元化，企业主资本家对企业的控制权已经大大削弱。其二，虽然工资依然是劳动力的价格，但这个价格除了生存资

料之外，应该说还多少包括了社会普遍认为是必须的发展、休闲或享受的部分，工资在维持日常生活之后，获得结余是完全可能的。也可以把这看成是劳动要素财产权利的部分实现。

社会主义的主张是干脆把资本主义私有制消灭掉。从克服资本主义私有制的弊端出发，这样的主张有其一定的历史合理性，而且发生了社会主义实践的地方确实也是这样做了。我们消灭资本主义私有制所采取的关键的而其实也是唯一的一个步骤，就是把生产资料所有者的主体换掉，从资本家私人变为社会主义的国家。过去认为这样就行了，任务就算完成了。但是如果确立了所有制就是两要素财产权利相互关系的观点，明白了生产资料所有制的历史暂时性，那就应该明白，社会主义的所有制不应当依然是支配他人劳动的所有制，更换生产资料所有者的主体只是为我们解决这个问题创造了一个条件，开了一个头而已。如果不往前走，那么公有制依然存在着与大私有制相同的历史局限性。

在社会化大生产的条件下，生产资料不可能像土地一样拆分给每一个劳动者，只能是联合占有。目前几乎也找不到比国家更适合的实行联合占有的社会组织，劳动者的生产资料所有权被代表似乎也只能是现阶段的不二选择。而从劳动力要素的使用来看，社会化大生产条件下也必须是联合劳动，作为个人的劳动者如果不把自己的劳动力交出来，劳动依然是无法实现的。因此，在共同占有生产资料（或者说在生产资料归国家所有）的基础上实行联合劳动的情况下如何实现劳动者自己劳动的权利，这才是社会主义公有制真正要解决的问题，这才是马克思所说重建个人所有制的关键所在。而目前工人上班领工资只是延续资本主义雇佣劳动的一套做法。如果以为生产资料公有了资本主义生产资料私有制的缺陷就克服了，社会主义的劳动者就获得了经济上的解放，就成为了生产过程的主人，那只能说明我们对于资本主义制度缺乏真正有效的批评精神和批评能力。

第六章

公有制之形
与国家资本主义之实

客观地看待当代资本主义和社会主义的相互关系，二者之间的非敌对化渐成趋势，两种制度相互学习的意愿和能力都很强，各自都得到了发展。但由于旧有意识形态的束缚，我们总是力图撇清与资本主义的关系，力图在社会主义与资本主义之间划界划线，恐资恶资拒资，什么与资本主义沾上了就不好，能撇清就好。而邓小平晚年力主改革不问姓社还是姓资，许多人不理解，至今仍有人排斥这一政治主张。但是时间越久远，这一主张越彰显其作为具备历史眼光的政治家的高瞻远瞩。就近而言，就实证的角度而言，当代社会主义根本脱不了与资本主义的干系。

▶ 一、资本主义所有制的商品生产形式

从劳动者或小生产的个体所有制到工业资本家的私有制是小私有制向大私有制的演变，而这同时也可以看成是小商品生产向社会化大商品生产的演变。是资本主义把商品生产变成了人类社会生产的主体形式。在社会主义革命发生之前，当代人类社会化的商品生产就是资本主义的商品生产，甚至可以说只是因为采取了资本主义的社会形式，商品生产才得以发展起来。因此，资本主义商品生产的特殊与社会化商品生产一般是同一的，几乎无法区分开来。这样就带来一个问题：社会主义的生产关系是建立在对资本主义生产关系否定的基础之上

的，社会主义的经济形态较之于资本主义的经济形态客观上存在着既有继承又有否定的关系，把这双重关系区分清楚是十分重要的。也许过去我们没有从这个角度来观察分析过问题，这就使我们有理由提出这样的怀疑：我们所建立的自命为社会主义的生产关系凭什么就是社会主义的呢？它和资本主义的生产关系真的区别开来了吗？

从社会主义依然只能采用商品生产形式来看，我们所继承的商品生产一般是否真正能剔除资本主义的商品生产特殊呢？也许我们只能从小商品生产和资本主义商品生产的比较中去寻找商品生产一般。在我看来，能够构成商品生产一般的也许只有作为商品生产（同时也是一切人类社会物质资料生产）的人身条件和物质条件的劳动者和生产资料、劳动者运用两个要素生产制造物质产品的生产劳动以及作为使用价值和价值的统一的劳动产品的商品，这样四个范畴即劳动者一般、生产资料一般、生产劳动一般、商品一般可以构成商品生产的一般。显然社会主义的商品生产不可能脱离这些范畴，但是单凭这些范畴是否足以构建社会主义的商品生产特殊呢？或者说社会主义商品生产特殊又使作为一般的这些范畴发生了哪些变化呢？为此，首先应当看清作为资本主义商品生产的特殊如何使作为商品生产一般的简单范畴发生改变。

第一，作为资本主义商品生产特殊的，首先是作为生产的物的要素和人的要素的财产权利主体的两元分离。如果每个劳动者都有一份生产资料，那从事的只是小商品生产。而资本主义的商品生产是以机器生产为基本技术特征，这需要大批劳动者集中在一起按照分工原则来共同生产。资本主义是通过使劳动者与生产资料相分离来实现这一要求的。

第二，劳动力成为商品。这当然是资本主义商品生产的特殊所在。劳动力成为商品的实质是劳动要素丧失了自身的财产权利而被资本占有。

第三，生产资料转化为资本。这与劳动力成为商品是同一过程的两个方面，是生产资料要素的财产主体去购买劳动力，同时也就占有了劳动要素的财产权利，这样在生产成果的分配上，生产资料不但得到了自身的要素回报，而且还占有了本该归劳动要素所得的那一份，这样生产资料在价值形态上就成为了能够实现价值增值的价值，也就是说成为了资本。

第四，劳动成为了雇佣劳动。由于劳动力的使用权已经让渡，因此作为商品生产过程的劳动已经不是劳动者的主动活动，它已经直接被资本家占有，服从资本家的意志，劳动者处在从属和依附的地位。这就是雇佣劳动。但是由于资本家向工人支付了工资，因此工人的全部劳动获得了有酬劳动这样一个虚假的表象。

第五，劳动的产品不但是使用价值和价值的统一，同时还是价值和剩余价值的统一。因为资本的本质是追逐利润，所以它一定要使工人的劳动超过为自己生产工资的必要劳动，用剩余劳动时间来生产剩余价值，这样生产出来的产品必定是包含有剩余价值的商品。

所以，劳动力商品——资本——雇佣劳动——剩余价值这些范畴正是资本主义商品生产个别所具备的特有范畴，也正是资本主义所有制的体现。如果认为资本主义的生产关系只是资产阶级的生产资料私有制，这样的理解显然是过于简单和肤浅了。

▶ 二、社会主义公有制改变了什么

长期以来，由于缺乏从两要素财产权利相互关系的角度去观察所有制问题的思维，我们简单地把所有制问题归结为生产资料归谁所有的问题，把资本主义的生产关系简单地理解为生产资料的资本家私有制，因此社会主义革命在生产关系上的诉求也就十分简单明了：剥夺资本家所占有的生产资料，使之归全社会所有。似乎把这个问题解决了，社会主义生产关系就建立了。

在城市中我们国家社会主义公有制的建立采取了两个步骤，第一步是动用国家权力没收官僚资本，直接收归国有。第二步是采用公私合营的方式对民族资本主义工商业进行社会主义改造，经过一定时期之后，它们在实质上也成为了公有制经济。从资本主义的私有制到社会主义的公有制这里面最实质的变化就是改变了生产资料要素财产的所有者主体，从资本家私人改变成了名义上的全体人民。这样私有制就变为公有制了。

但在这里立即就会产生一个操作层面上的问题，既然全体人民或者说社会主义社会的每一个公民都是生产资料要素财产权利主体的成员了，那么他们每一个人作为生产资料的所有者如何体现、行使或享有要素财产权利呢？他们如何获得所有权的身份标志呢？在生产过程中如何来掌控和支配生产资料呢？如何来分享要素收益或者回报呢？应当说在将近一个世纪的社会主义制度的实践中，现存的和曾经的社会主义国家没有一个真正解决过这个问题，这也许是一个解决不了的问题。哪有什么真正的全民所有制呢？

即使我们设想一个全社会只有单一公有制的社会主义社会，每一个劳动者只要进入了生产过程，必定会和某一特定的生产资料实现直接的结合。但这只是使用意义的结合，并不达到经济意义上的占有或者所有。而且，尽管生产的社会化程度可以不断扩大和提高，生产资料的科学技术水平也不断提高，但只要是在从事商品的生产，那么生产资料就必然只能以企业资产的形式存在。劳动者只能在企业的范围里实现和生产资料的结合。而企业和企业之间，物的生产要素也就是生产资料在价值的贵贱、技术的高低以及产出效率上必定是有差别的。在这种情况下，全民所有既不可能通过每个劳动者都在某个企业里占有一份来实现，也不可能在这一人一份的基础上通过全社会的某种平均来达到占有的公平。也就是说全民所有必定被企业边界割裂，是无法真正具体到人的。全民所有达不到具体的所有，只能是抽象的所有。

既然找不到全民所有的直接实现形式，那么国家所有制也就名正言顺地作为全民所有的代表形式而登场了。公有制也正是靠社会主义的国家机器剥夺资本建立起来的。我们自己给国家所有制定义，说它代表全体人民，就是全民所有制。至于国家所有制能否或怎样才能等同于全民所有制，在社会主义生产关系的正统理论体系中，似乎一直缺乏认真的分析，而是以意识形态的理所当然来代替了这种分析。也许有很多人会认为这样叫真没有意义，但是从改革深入发展的角度出发，把这个问题搞清楚应当具有指向的意义。

如果真正要使国家所有制具备全民性，那么在全体人民和国家之间至少应当建立一种授权委托机制。但是由于二者之间的连接要经过很多中间环节，实际情况要经历全体人民——国家——各级政府——企业负责人，因此这种授权委托如何才算有效是很值得探究的。全体人民本身就是一个集合概念，靠全民公投来实现委托是不切实际的，那么谁又可能以全体人民的名义来进行授权委托呢？说到国家，这是一个抽象概念还是具体概念呢？它如何来执掌全民的生产资料呢？如果要具体，就具体到各届各级政府了，因为政府是以国家的名义来掌管公共事务的，到了这个环节，全民的生产资料就由各届政府来支使了。虽然在改革过程中企业都已经实行了公司制，公司领导人的产生也走了公司制规定的流程，但目前我国这个问题上的实质做法依然是政府（其实是党委，在我们的分析范围里党委和政府无须区别）委派，所以全民的生产资料经过一系列中间环节最终是执掌在几个人手中的。我们在这里还没有讨论授权委托机制本身，只是简单陈列了一下从名义上的所有者到最终执掌者之间的环节和路径，但这个简单的陈列已经可以使我们看到，自始至终是没有被赋予了所有者名义的全民什么事的。

以上两个方面的分析，即全社会公有的生产资料只能分割为企业资产，而由于缺乏真正有效的授权委托机制，企业资产最终又只是由政府委派的企业负责人实际执掌，在这种情况下，说我们的公有制是全民所有是十分可疑的。如果再深入细究，目前的公有制到底是不是国家所有制也值得怀疑。但在本章的范围内，我们暂时认可这是国家所有制。所以，从资本主义社会我们所认为的资产阶级所有制到社会主义的公有制，唯一可以确定的变化是生产资料要素财产主体的改变。

▷ 三、公有制条件下两要素财产权利的相互关系

传统的社会主义经济理论认为生产资料公有了，劳动者就成为了生产资料的所有者，因而也就成为了生产过程的主人，在经济上获得了自由和解放。但是如果从公有制条件下两要素财产权利相互关系的实际情况去分析观察，这样的结论同样是值得怀疑的。

第一，两要素财产权利主体相分离的现象并没有真正解决。虽然国家声称代表全体人民，但两要素财产权利主体分离的两元并没有重合为一到劳动者身上。劳动者仍然不能像个体劳动者那样直接动用自己的那份生产资料来自己劳动。例如，劳动者不能看见哪个国有企业的大门开着，就擅自走进去到某个车间里面去开上机器干活，或

者他今天是在这里干活的，可明天由于他喜欢另一个行当于是就走进另一个国企的大门去找自己喜欢的活。我的这种叙述方式可能会被别人嘲笑十分荒诞。但是一个人如果是在自己的家里，他从这个房间进到那个房间要办什么手续吗？社会主义的劳动者虽然有一个身份或名义是生产资料的全民所有者，但这个身份或名义在实际生产过程中并不起作用，他无法用物的要素所有者的身份来做任何事情。他真正能起作用并被别人认可的身份就是劳动者，即生产的人的要素即劳动或劳动力的所有者，只有这个身份才是真实的。所以公有制条件下两要素财产权利主体分布的基本格局依然是分离为两个主体的：一端是掌握了生产资料的国家（或者说是政府，或者说是政府委派的那几个人），另一端是广大劳动者。

第二，劳动者只有把自己的劳动力要素交出去，才有可能使劳动实现。在这里起决定和支配作用的依然是物的要素的财产权利主体。但因为这个主体是国家，这种决定和支配似乎就有了正义性，劳动者从来也不会去想有什么不对头。但是如果从两要素财产权利的相互关系去观察，这是物的要素支配人的要素。这样当年马克思引述的可能带有几分天真的资产阶级学者的发问今天依然可以把问号挂在那里："资本本身不过是人的劳动的产物……那么似乎完全不能理解的是，人怎么会落入他自己的产物——资本——的统治下，并且从属于这个产物"（《资本论》第一卷第681页）？更何况现在是在公有制条件下，劳动者已经是生产资料的所有者了呀？事实是只有当企业负责人——这里的实质是物的要素的财产权利主体——所代表的国家同意接收，劳动者才能获得进入企业劳动的权利。这是劳动者原本就具有的权利，但这个权利的真正实现却要靠企业给，给了就有，不给就没有，而且给了还可以拿走。上世纪90年代中期为了实现国企三年解困，全国上千万国企职工就这样分流下岗失去劳动权，这些人以及他们的家人子女的生活、命运因此而改变，从此很难很少能享受到整个国民经济发展的成果。

第三，劳动者即使进入了企业，两要素的财产权利依然是分离的。所谓劳动权利的实现就是劳动以后获得工资。这和过去没有什么不同。工资是由企业即生产资料的财产权利主体来发放的。劳动者是在为物的要素的财产权利主体劳动，他只是作为劳动的人身材料去投入企业的生产过程，他没有自己的个人意愿，他在企业的全部活动都必须服从企业的意志，他的全部劳动中只有和工资相当的那一部分才和他有关系。工资是公有制条件下劳动者个人付出全部劳动的出发点和归宿。

第四，企业即物的要素的财产权利主体之所以向工人支付工资只是为了占有他们的劳动。表面上看起来工人的工资是他付出的劳动的报酬，好像工人的全部劳动都是有酬劳动，但人所共知，工人劳动中有很大一部分是被企业无偿占有的。所以公有制条件下劳动者依然向企业亦即物的要素的财产权利主体贡献剩余劳动，只不过剩余劳动的占有者打着国家的名义，代表全体人民的名义，所以具备了合法性。劳动者自己感觉也没什么异样，不这样又能如何呢？

以上简单的分析再一次证明，从资本主义私有制到我们的社会主义公有制，实实在在发生了改变的只是变换了生产资料的所有者主体，过去是私人资本家当老板，现在是由国家来当老板。其他的却被我们当作商品生产一般其实却是商品生产的资本主义特殊而继承了下来。过去我们认为所有制最本质的因素就是生产资料的归属问题，只要生产资料归公了，资本主义就消灭了，劳动者就成为了主人。这也是社会主义制度优越性的基本依据之一，没有人怀疑这一点。但这只不过是意识形态的判断，并不能取代或者等同于经济学意义上的分析。马克思对未来社会生产关系的构想是在共同占有生产资料的基础上重建个人所有制。由于我们长期以来用一元要素观来理解所有制问题，没有理解劳动要素本来也应该是所有制的构成要素，没有理解所有制是两要素财产权利的相互关系，所以解读不出来什么是重建个人所有制，不懂应该如何去做，结果导致对公有制条件下两要素财产权利主体分离的现象长期视而不见，得不到解决。

▶ 四、公有制形式下的国家资本主义

改革开放以来，公有制条件下两要素财产权利主体分离的趋势进一步显现和强化，两项改革措施起了比较大的作用。

第一，开放了劳动力市场。这是完全正确的，发展商品经济，就必定要发展要素市场，而劳动力要素是其中不可缺少的部分。我们认可了劳动者对自身劳动力具备所有权、自主权、支配权，劳动力可以流动，劳动者可以自主择业。相对于改革之前的实际上的劳动力单位所有制，开放劳动力市场是对劳动者的解放，赋予了劳动者以经济自由。至于开放了市场劳动力是否就成为了商品，此处暂且不论，但是用工制度却因此发生了深刻的变化。劳动合同制成为普遍的用工形式，劳动者以劳动力要素所有者的身份进入企业这点得到了进一步的强化，劳动合同就是两要素主体之间签订的合同。

第二，认可了企业是相对独立的商品生产者（现在"相对"这个词已经没有什么意义了），既然国有企业也要面向市场，从事商品生产参与市场竞争，那么也就必然要追逐利润。现在国企管理部门在炫耀自己成绩的时候就会说利润增长了多少，而追逐利润恰恰是资本的本性。在商品经济条件下，生产资料的资本化是必然趋势，这本身没有什么不正常。至于公有制企业的使命是不是追逐利润另外再说，我们这里要分析的是由此引起的两要素财产权利相互关系的变化。

由于以上两个因素，企业内部两要素财产权利主体的诉求是不一样的。劳动者的诉求很简单，就是工资的最大化。虽然他们也会有别的诉求如工作场所的改善，福利的增加，健康安全的保障等等，但这都可以视为各种变相的工资提高。而物的要素的财产权利主体的诉求其实也很简单，即利润的最大化，这也具有可以理解的理由。问题在于这两个诉求集于同一企业内部，往往就变成了零和博弈。博弈的结果无非是双方妥协，找到一个可以接受或不得不接受的平衡点。

即使是在社会主义的公有制条件下，生产资料之所以得以转化为资本，也只能是因为它占有了剩余劳动。我们可以通过社会改造，使过去的资本家变为自食其力的劳动者，但生产资料作为商品经济条件下的资本却不会因为进入社会主义就不依靠占有剩余价值而另行生长出增值的功能。而生产资料之所以能够占有剩余价值，唯一的原因也是劳动者让渡了自身劳动力的使用权，以得到工资为条件，承担了为生产资料要素主体生产和提供剩余劳动和剩余价值这个不可逃脱的宿命。如果我们说对劳动者而言，从资本主义私有制到社会主义的公有制只不过是更换了一个雇主，这个说法并不过分，而且有依据。当然，社会主义国家使得劳动者政治地位的改变不在我们的分析范围之内。

我们可以试着拿这种公有制的经济形态和人类社会在奴隶制之后几种经济形态作简单的比较。首先是小私有制，即劳动者的个人所有制，二者区别显然比较大。在小私有制中，两要素财产权利主体集于劳动者一身，劳动者自始至终在为自己劳动，不和其他要素所有者发生关系。而我们的公有制虽然名义上劳动者也是生产资料的所有者了，但在实际经济活动中这个身份不起作用。他只能以没有物的要素的自身劳动力要素所有者的身份出现，不可能开展自主劳动。其次是大土地所有制条件下的租佃制。这个差别也比较大，佃农虽然要向地主去租地，但只要租到了地，约定了地租的数量或比例，以及交纳方法之后，农民在这块地里怎么做是可以自己做主的。他的劳动分为两部分，一部分用来给地主交租，另一部分则归自己。所以佃农的劳动是有为自己劳动的部分的，而且只要他能够增加投入提高效率，他自己就可以得到更多。再次是从事社会化商品生产的资本主义私有制，这个我们也分析得很多了，公有制与它的区别仅仅在于生产资料的所有者主体不同，其他却极其相似。

这里自然产生一个问题，从事社会化的大商品生产难道还有别的什么生产形式吗？这又要回到我们前面分析的商品生产一般和商品生产个别上去了。在社会主义之前，人类只有两种商品生产形态，即小商品生产和资本主义商品生产。在大机器生产的物质生产力基础上，不可能采取小商品生产的方式，劳动力的社会集中是必不可少的，这就要求劳动者和他们原有的那一份自己的生产资料相分离，这个分离的过程资本主义已经完成了。社会主义虽然实行了公有制，但仍然不得不接收资本主义的商品生产方式，在目前这个历史阶段也许只能这样做。但特别需要我们保持清醒和警惕的是，不能因了这历史的继承就把这些生产方式视为天然合理和永恒，不能忘记它们体现的资本主义的特性。例如生产资料并不天然是资本，只是因为无偿占有了剩余劳动，才获得了增值而成为资本。而生产资料之所以能够无偿占有剩余劳动，那是因为工人为工资而劳动，而为了得到工资，他必须向生产资料的所有者付出大量的无酬劳动，这种为工资从事的劳动就是雇佣劳动。正是资本主义的商品生产形式，才把雇佣劳动发展到了极致。但肩负着消灭雇佣劳动历史使命的社会主义公有制由于受历史条件的局限不得不继承这些资本主义的生产方式的同时，应该随着实践的发展逐步创造条件来改变其中的一些东西以履行自己的历史使命。

马克思恩格斯曾经设想资本主义在发展到了股份公司之后，生产的社会集中再进一步发展，"资本主义社会的正式代表——国家不得不承担起对生产的领导"（《马克思恩格斯选集》第三卷第382页），生产资料将转变为国家财产，变成国家所有。这也就是国家资本主义了。无产阶级革命夺取了国家政权之后，确实动用了国家机器以社会的名义来占有生产资料。我们正是这么做的。但这一历史使命完成之后，事情却发生了变化。马克思恩格斯当年预见生产资料国有化之后，商品生产就消除了，而资本将回归它作为生产资料的物的属性而被广大劳动者直接占有。而实际情况却比他们的设想要复杂得多。无产阶级的国家在占有了生产资料之后，商品生产并没有消失，因此在公有制的范围内，国家成为资本的总代表，成为最大的雇主组织商品生产并占有社会产品。这是实实在在的国家资本主义，或者说是社会主义的国家资本主义。我们的公有制实质就是如此。

如果历史地看问题，公有制名义的国家资本主义并不是什么坏事。在上个世纪50年代，我国的广大劳动者进入公有制的国有企业之后，总的来讲，其社会地位和经济状况是有提高和改善的，国家在政治上还赋予其领导阶级的地位。更重要的是国家成为社会生产资料的所有者之后，有利于从全社会范围集中资源，加快经济发展，尽快改变我们国家贫穷落后的面貌。我们一直所宣称的社会主义制度的优越性，其实就是这种公有制的国家资本主义的历史正面性。即使在今天，也依然具有国家的宏观经济发展目标和调控政策较易实施的优点。

五、公有制的社会属性其实是最不稳定的

我们费了很大的劲搞出来的公有制原来不过是国家资本主义，不过倒也没有必要为此扫兴。当今世界很多地方都存在国家资本主

义，只要这种生产的社会形式能够容纳或促进生产力的发展，它就一定会存在，只是我们应该客观科学地对其作出评价。而过去我们一直把这种公有制视为体现了社会主义本质的新的生产关系，是社会主义的主体的主导的生产关系，是使广大劳动者获得解放成为主人的生产关系，是姓社姓资的根本标志的生产关系，是占据了道义制高点的生产关系。这些是与实际不符的，是没有科学依据的，是到了该从这种迷思中走出来的时候了。

几乎可以说公有制是任何一个时代，任何一种社会制度，任何一种经济形态都可以采用的所有制形式，在很大的程度上它只不过具备形式和手段的功能。各种不同的统治集团出于不同的目的都会来使用公有制尤其是国家所有制这种形式，恩格斯对这种现象多有论述。当时的欧洲，拿破仑、俾斯麦、梅特涅等都先后采取了很多国有化的措施，由国家来动员经济资源进行经济建设和生产，如修建铁路，开展海外贸易，生产军需品，实行烟草国营等等（参阅《马克思恩格斯选集》第三卷第382页）。而且当时有一种时髦，也许原因在于国内阶级矛盾尖锐，统治集团把他们每一项以国家名义对自由竞争的干涉，对一些产业的国有化都称作是社会主义，以至于恩格斯讽刺道："国家就是社会主义"（同上第四卷第407页）。恩格斯同时还尖刻地指出："这种所谓的社会主义只不过一方面是封建的反动，另一方面是榨取金钱的借口，而附带的目的则是使尽可能多的无产者变成依靠国家的官吏和领养老金者"（同上）。当今世界这种现象依然在很多国家可以见到。因此如果把这种其实是具有通用性的公有制或国家所有制作为我们社会主义本质的标志是大可斟酌的，某种意义上这只是种形式，这种形式下面的内容才真正体现本质。

另一方面，由于缺乏严格有效的授权委托机制，我们的国家所有制其所有权的属性其实是最不稳定最不牢靠的，这和其他的所有制形式确实有很大的差别。如果要作更加深入的分析，我们可能并没有什么真正的国家所有制，有的只是各级政府所有制。当然央企直属中央政府，因此最接近于或近似于国家所有制。至于隶属于省、地市、县各级政府的，如果称为公营经济可能比叫国企更说得通一些。因为省、地市、县只是政府的行政管辖范围，不是封建社会分封制的国中之国，把地方政府所属企业也称为国企总给人荒诞之感。

目前各级政府的国资委是国有企业（暂且沿用这一提法）的主管部门。当时建立国资委的目的是国有资产的保值增值，如果以这一条作为国资委的考核标准，可以说这些年来成绩很大，国有资产普遍都增值了，而且幅度都很大。但是从我们分析所有制的社会属性来讲，资产数量和价值量的增加未必就是对其属性的证明或加强。

改革开放之初，企业制度的改革是从放权扩权开始的，当时的目的是为了冲破计划经济的体制，希望企业有活力。沿着放权扩权的路径向前，最终认可企业是相对独立的商品生产者，除了代表国家或全民的利益之外，还有企业的自身利益。既然是商品生产者了，那么为了企业自身的利益必然要参与市场竞争，必然要追逐利润。这些都被视为是正常的企业行为了。但是由于制度建设滞后，企业所代表的国家利益与企业自身利益之间并没有清晰的界限，而企业怎么做就是代表国家利益，怎么做就是为了企业的自身利益似乎也难以制订出标准。如果一个人既要谋取自身的利益，同时又要守护一份别人的利益，为了守护别人的利益而约束自身利益，这是需要很高的道德坚持的。但是在经济领域里，道德不是制度要素。久而久之，逐利成为企业的本能，国企也不例外。如今的国企尤其是央企长袖善舞，代表国家利益成为其他经济成分难以企及的道义制高点，但实际上却成为这些企业谋取自身利益的独门利器。因此，国企作为全民利益代表者的属性已经日复一日地流失了。

在目前条件下，国家所有制的公有制仅仅在资产的最终归属上具有相对的稳定性，即在一般情况下，国家的最终所有权尚有保障。

但这国家的最终所有权在企业的经营过程中却是可以经常虚化的。分配才是所有权的实现，要素回报才是要素财产权利的实现，既然目前公有制其实际内容是国家资本主义，那么国家应是剩余劳动的实际占有者。但实际情况是企业有很多办法来减少国家本来应得的收益。众所周知国有企业的成本费用是造成亏损的重要原因，其成本费用压缩的空间实际上很大，只要境内和民企比，境外和同行业跨国公司比，这个问题就很清楚。但国企在这方面是缺乏改进动力的。因为资产是国家的，资产收益按理也是国家的，在这种情况下，加大费用才是企业的利益所在。国有资产在这种情况下更像是无主资产，被谁占用就为谁创造收益。

▶ 六、权贵资本主义正日益成为现实

如果要说我们现在的国企没有授权委托机制，必遭遇很多人的反对，他们会很雄辩地宣称现在有很完善的授权委托机制和程序，并且可以举出很多实例。确实，我们在现实生活中有时也能看到政府领导对国企负责人的任命或签署有关经营责任的协议等秀场。如果这些做法实现了确保国家利益的目标，那是有效的，而如果行为的结果是使国家利益不断被削弱，那就很难作正面的肯定。现实情况是有时政府部门的相关操作正在使本属全体人民的国有企业一步一步地走向权贵资本主义。

现在社会上对国企包括央企负面的评价很多，国资部门却经常挺身为其辩护，但辩护词往往很不高明，因为本来就是歪理。但有了国资委娘家式的表态，国企及央企们就更加胆大了。而其他政府部门

如发改委等则像是国企的舅家，舅家是最护着本家女儿的，许多出台的政府政策都是为国企央企排忧解难，谋取利益。现在央企一些重要产品的市场投放，往往由政府来制定价格，如果投放公共产品由政府定价，那应该体现公平，但现在最重要的依据就是确保企业的自身利益。而其他政府部门很多宏观经济政策的制定和投放，也越来越多地具有为国企、央企度身定制的色彩。国企尤其是央企的利益和诉求越来越影响和牵制政府工作的走向。现实经济生活正在显现这样一种很不好的趋势：以经济建设为中心本来是全党全民各种经济成分共同的事业，但它被我们塑造成为以国有经济为主体（也就是为中心）的国民经济结构，而最后又成为以国企央企利益为中心的经济体。这其实是对发展社会主义市场经济的反向操作。现在整个国民经济的持续增长越来越依赖于政府的拉动，而经济自身的活力在日益下降，如再执迷不悟，经济可能陷入危机状态也不是耸人听闻。

　　如果再来观察现在的国企尤其是央企是由哪些人在执掌更是一个广受社会诟病的问题。中国是一个封建传统极深的国家，社会主义虽然六十多年了，改革开放也三十多年了，但实际上并没有很认真严肃地去打扫封建主义的历史灰尘。对开国功臣们封地封爵是不可能了，但未必不能荫及子孙，把国有资产当聘礼或嫁妆就是经常采用的办法。在一段时期里，很多央企的掌门人或高级管理人员来自政治世家，他们自称红后。身处现代公民社会却还如此铭记和凸显自己的门第，尽管自以为很神圣，其实却正反映了自私和落后的封建意识。这些人成为央企的执掌者很多其实是以家族的政治资源兑换经济资源。马克思说商品是天生的平等派，商品经济其实就是反封建的平民经济。但这些自视血统高贵的人恰恰欠缺平等意识。他们一登场就自称共和国长子，以国家利益代表的身份占据了市场经济的制高点。这使得我们的所谓中国特色的社会主义市场经济特色为成分经济、等级经济，真正的市场机制和市场操作工具往往被弃置。央企自有一套强身秘笈：专营、垄断、特许、豁免等是其中的基本要素。这些具有鲜明封建官营经济色彩的政策工具在我们的市场经济中横行无阻，严重挤压了其他经济成分的生存空间。国企央企负责人中有些经过几年后又派往政府任职，从企的经历也许有利于他们熟悉经济。但这些人在国企央企的经历并不使他们真正懂得市场经济，他们更加信奉的还是权力。以这样一种经验和心得来指导他们新从事的工作对经济发展的正面价值是令人怀疑的。

政府或党委的人事部门经一定流程向国企及央企派遣企业负责人的做法在我们的国家所有制或公营经济滑向权贵资本主义的过程中起到了关键的催化作用。这些人本身就是权贵，他们运用占据的企业平台，垄断了国民经济的核心资源。他们可以在资本市场上巨额圈钱，同时又是银行贷款最大的客户，全社会的金融资产主要被国企占用。向市场高价投放他们垄断的公共用品已经成为了传统，对价格不满意了就制造局部的临时的短缺，逼迫政府和社会让其提价。而以种种理由减少或拖延利润的上缴也成为企业的常态。与此同时却是不断上升的成本、管理费用以及高管们高到社会难以接受的薪酬和在职消费。人所共知的是有的央企已经带上了相当明显的家族色彩。联系到对下一阶段的国企改革有一种似乎顺应潮流的民营化的主张，这个漂亮的主张后面是否掩盖了某些利益集团企图借改革之名造就私人寡头的司马昭之心呢？若如此，那就真的拉美化了。

在我国目前的意识形态领域中，至今仍将国家所有制的公有制与社会主义画等号。现实生活中也还是有很多人对此坚信不疑，他们背诵教科书中公有制优越性的教条，对现实中公有制的名不符实与弊病视而不见。这些人中有普通群众，也有专家学者，还有大小官员。他们的社会地位和物质利益有很大差别，但却一致认为只有捍卫公有制才是自己的福祉。这只能说是陷入了一种迷信或认识的误区。建国六十多年了，所有制已经历了许多变动和改革，但公有制的国家所有制从来也没有真正达到过全民所有。而目前公营经济破坏市场规则，挤占非公经济的生存空间已经成为了市场经济最大的病灶。权贵资本主义正日益成为中国经济的现实危险。认清这些真相并不需要很高深的理论修养，只要打破教条主义的思想方法，敢于说出"皇帝没有穿衣裳"就可以了。当然，大家也越来越清楚地看到，有些人之所以看起来高举着公有制的旗帜，其实只是拒绝改革以捍卫自身的既得利益而已。但改革之舟尽管会经历九曲十八弯，但最终是一定会穿越万重关山，如箭疾驰，到达彼岸的。

第七章

社会主义的使命是回归劳动者的要素财产权利

在很长的时期里，我们不太理解马克思教育工人起来革命的目的是消灭雇佣劳动，我们不太理解马克思所主张的社会主义公有制最本质的功能是要恢复劳动者对自己的劳动的所有权。我们一直没有从这个角度去认识社会主义生产关系的历史使命。

一、人类历史上的三种剥削形态

恩格斯在《家庭、私有制和国家的起源》中指出：奴隶制，中世纪的农奴制和资本主义的雇佣劳动制度是人类旧时代的三大剥削形式。其共同特点是劳动者丧失了生产要素的财产权利，要素财产权利成为了劳动者异己的力量，成为了支配和占有他们劳动的力量。奴隶制的情况比较简单，奴隶连人身自由都没有，要素财产权利与奴隶没有一点关系。中世纪地主庄园中的农奴原先许多其实是自耕农，但在外界暴力的胁迫下，为了得到安全保护，这些农民不得不把自己的土地交给地主，然后反过来又从地主那里租过来耕种，这样就形成了对地主的人身依附。这种租地的耕种必须向地主缴租，另外还要服劳役。还有一部分农奴自己没有土地可以耕种，完全是为地主干活。可以认为农奴也几乎完全丧失了要素的财产权利。农奴的状况比起同时代的租佃制（亦即分成制）的农民是要差很多的。我们在前面用很多篇幅分析了资本主义的雇佣劳动。雇佣工人已经是自由人这是社会的巨大进步，劳动者是自身劳动力的所有者，但只有出卖自身的劳动力为他人劳动才能换取自身必须的生活消费品。因此在雇佣劳动制度条件下，劳动者依然是丧失了要素财产权利的。劳动依然是被与劳动者对立的要素财产权利主体所占有的。

奴隶制和农奴制已经成为了历史。这两种制度都以暴力和强权为后盾，剥夺劳动者的人身自由，残酷压榨劳动者的劳动付出，仅让他们维持最低限度的生存。这种不人道的野蛮的剥削制度被否定是理所当然的。但对资本主义的雇佣劳动制度，评价就不那么简单了。由于劳动者已经是自由人，由于劳动力的买和卖在表面形式上遵循商品交换的所有权规律，由于工作日的立法对工人的劳动时间作出了限定，由于工人劳动以后获得工资使他的全部劳动表现为有酬劳动，由于生产资料采取了资本形式，而资本增值的社会属性表现得好像是物的天然属性，由于利润被理解为是生产要素的回报等等一系列的原因和假象，资本主义的生产方式好像天然合理。尽管如前所述也有很多资产阶级经济学家对这种生产方式提出过质疑，但更多的人还是接受这样一种生产方式。而且几百年来，资本主义的生产方式一直在发展，从马克思时代的工业资本家所有制到当代的所谓大众资本主义，生产关系和生产方式发生了巨大的变化。在雇佣劳动条件下却已经产生出来一个庞大的中产阶级，而资本家和雇佣工人的阶级关系也很难说还是当代资本主义社会的基本矛盾了。对这一切都应该作出科学的分析。对我们中国人来讲，这是一个很大的课题，我们没有亲身感受，又缺乏详尽的资料，加之意识形态的影响，分歧是相当多的。但不把这些搞清楚，社会主义何以为之也就说不清楚。

使问题更加复杂化的还在于人类社会从小商品生产发展为社会化的大商品生产所采取的唯一的生产形式就是资本主义的商品生产。资本主义商品生产特殊被当成了商品生产一般。我们除了用国家这个代表来更换生产资料要素财产权利的主体之外，在发展市场经济过程中也依然照搬资本主义的商品生产形式，资本、利润、劳动、工资等依然是我们在处理不同要素主体相互关系时的基本经济范畴，想要创造发明很难。我们过去在"消灭私有制"理念指引下的许多作为都以失败告终。在改革开放深入发展的条件下，如果依然教条式的理解资本主义，那也就必然教条式的理解社会主义，对资本主义的特征认识不清，那么社会主义也就很难形成自己的个性。我们只能用动态的眼光来观察当代资本主义的生产关系，既借鉴其活力，又看到它不可避免的历史局限性，只有立足于这样一个基础，才有可能找到社会主义生产关系所应当解决的问题，才有可能明确社会主义生产关系改革和发展的正确方向。

▶ 二、劳动者个体所有制的标本意义

在马克思那里社会主义的公有制应该是重建的个人所有制。但是这个重建是在资本主义私有制否定了劳动者个人所有制基础上的否定之否定。这是螺旋形的上升，是在新的更高的基础上的再现。很长时期里，我们虽然会重复这句话，但并不真正明白是什么意思。我们不理解怎样才算重建了个人所有制，而这恰恰是由社会主义所有制理论的固有缺陷所导致的。在我看来这个缺陷表现为三点。

第一，不理解所有制的本质是生产过程中的要素财产权利关系。

第二，不理解劳动本身是一种要素财产权利，而且是最本源的要素财产权利。

第三，也是最重要的，把劳动者个体所有制理解为仅仅是生产资料的小私有制，没有认识到两要素财产权利主体集于劳动者一身，劳

动者是凭劳动来挣得是个体所有制最重要的特征，而这恰恰是个体所有制天然合理的全部依据。

在马克思的时代，资本主义刚刚完成了原始积累，雇主与雇佣工人的矛盾十分尖锐。雇佣工人收入之低下，劳动超越人的极限的辛苦，工人及其家庭生活的凄惨与不幸使得当时社会任何稍有良知的人都看不下去。在这种时代背景下，资产阶级的经济学家，无论是古典学派还是庸俗学派，小资产阶级的社会主义者，以及马克思恩格斯对劳动者的个人所有制都相当推崇和肯定。

正如斯密斯指出的：每一个人对他自己劳动的所有权是所有其他财产权的原始基础，是最神圣不可侵犯的。可以说自己劳动是人类财产权利的本源。只有自己劳动，才能占有自己劳动的产品，这就是最初始的占有的合理性。因为占有本身是排他性的，排他占有的实现，就是所有权。每个人占有自己的劳动和这个劳动的产品，这就形成各个占有之间的自然边界，也就划出最初始的所有权的界限。掠夺和剥削之所以非正义，就是因为违背了这一规则。资本主义虽然发展了雇佣劳动，但资产阶级经济学家却依然承认劳动者对自己的劳动产品拥有所有权，他们竭力企图证明的只是资本主义没有违背这一原则。

而小资产阶级的社会主义者们看到了资本主义的不合理性，他们对资本主义发展过程中大量的小生产纷纷破产充满同情，他们主张社会主义革命应当保护小生产使他们免遭破产。这和马克思的看法显然不同，他们缺乏否定之否定的辩证思维。马克思认为即使否定了资本主义的生产关系，大机器生产带来的先进的劳动生产率一方面要求生产的社会集中，另一方面也使得小生产无力竞争必然破产。小资产阶级社会主义者们当时的一些主张在马克思恩格斯看来虽然不正确，却依然可以使我们得到一些启示。例如在 1892 年，法国共产党为了在议会选举中更多地得到农民的支持，特地在党的代表大会上通过了一个土地纲领，这个纲领中有许多符合农民利益的好的建议，但也包含一些不符合马克思恩格斯观点的错误主张。例如纲领虽然指出小块土地所有制注定不可避免要灭亡，但社会主义却不应加速这一灭亡，相反，社会主义的职责"在于保护自食其力的农民的小块土地"，使之免遭大土地所有者的侵犯。恩格斯专门撰写了《法德农民问题》（《马克思恩格斯选集》第四卷第272～275页）对这种倾向进行批评。当然，历史并没有给法国共产党机会来实践他们的主张，因此我们无从判定如果有机会去做是否会获得成功。反正恩格斯是批评了这种倾向。其后苏联的共产党人夺取政权之后对小生产进行了改造，这个实践也不能说是成功的。而改革开放之后我国在农村经济中生产关系的调整使每户农民都有一块承包土地才真正大获成功。笔者注意到法共的土地纲领论中有一段非常精彩的论述："社会主义的任务并非在于把所有权和劳动分隔开来，而是在于把任何生产的这两个要素结合在同一手中"。但是由于这一论述的目的是为了提出保护农民的小块土地的主张，结果毫不奇怪地遭到了恩格斯的批判。恩格斯很干脆地说"社会主义的任务，毋宁说仅仅在于把生产资料转交给生产者公共占有"（同上）。笔者不禁为恩格斯的这个概括惋惜。因为这样的概括既无视法国共产党关于社会主义不能使所有制与劳动分隔，而应该把两要素结合在同一手中的主张，也没有回应马克思关于重建个人所有制的伟大思想。

不过恰恰是恩格斯对个人所有制有非常准确的理解和经典的分析表述。在《反杜林论》中恩格斯指出，小生产是用属于自己的生产资料来生产产品，他之所以能凭藉对生产资料的占有来占有产品，那只是因为这些产品是他自己生产的，"因此，产品的所有权是以自己劳动为基础的"（同上第三卷第375页）。恩格斯正是用"两要素结合在同一手中"来观察个人所有制的，马克思虽然和恩格斯一起在《共产党宣言》中把共产党人的纲领概括为"消灭私有制"一句话，但这只是指消灭资本主义的私有制。马克思认为自己劳动的私有制和剥削他人的私有制是对立的两极（参阅《资本论》第一卷第 829～831 页）。马克思对劳动者的小私有制有所保留的地方仅仅在于这种所有制不能适应生产的社会集中，因此注定会破产。所以马克思的否定之否定就是在共同占有生产资料的基础上重建的个人所有制。

由此可见，在个人所有制中劳动者既是生产资料的主人，又是自己劳动的主人，这种所有制通过劳动者的自己劳动来占有自己的产品，因而有充分的正当性。一个符合人类历史正义的所有制，应当是能够实现和完成以自己劳动为基础的占有，应当是使劳动者能够实现自己劳动的权利，即对自己的劳动拥有所有权，而且凭自己劳动的要素权利就能实现占有。个人所有制在最原生的所有制状态上就实现了这一点，所以它成为了各种所有制形式是否合理的一个自然的参照。雇佣劳动的资本主义把工资视为劳动者劳动权利的实现，把工人通过劳动获得工资来证明工人是在为自己劳动，这只是一种假象。社会主义的公有制一定要走出这一误区，在这一点上与资本主义、与雇佣劳动划清界限。这也正是重建个人所有制的关键所在。

▶ 三、公有制条件下劳动者要素财产权利的缺失

如前所述，马克思的否定之否定是指在对生产资料共同占有的基础上重新建立个人所有制。当时德国柏林大学有个副教授叫做杜林的在构筑自己的思想体系时把马克思当作自己的批判对象，他对马克思运用否定之否定来描述未来社会的所有制关系表现出极大的

不解，认为这是"从宗教世界抄袭来的荒唐类比"，是"既是个人的又是公共的所有制的混沌世界"（不过紧接着的一句话稍微有点意思："叫他的信徒们自己去解这个深奥的辩证法之谜"）。而恩格斯在与杜林展开论战的时候讥诮地说杜林"在这里令人惊奇地确实说对了"，恩格斯肯定马克思的意思可以这样来表达，即未来社会的所有制"既是个人的又是公共的"（以上见《马克思恩格斯选集》第三卷第244~245页）。恩格斯还引用了马克思在《资本论》中的另外一段话来加以对照和证明："设想一个自由人联合体，他们用公共的生产资料进行劳动，并且自觉地把他们许多个人劳动力当作一个社会劳动力来使用"（《资本论》第一卷第95页）。这是一个很好的对照，在马克思的这段话中生产资料前面加了"公共的"，而劳动力前面有"个人"。这其实已经为我们解开这个"深奥的辩证法之谜"提供了钥匙。也就是说，应当从两要素财产权利的相互关系来认识和分析所有制问题，而未来社会生产资料要素必定是公共占有的，这是重建个人所有制的一个既定前提，这样个人所有制的重建着重点自然就到了劳动力要素这一方面来了，而且答案其实也已经显示：劳动力是个人的。事情本来就是这样。

以上述理论背景来观察我们公有的国家所有制，包括央企和地方的公营企业，生产资料要素确实不在劳动者手中，而由国家和地方政府代为掌握着，如何来完善会有专章分析。但总的来讲，已经不是私人占有，而是社会的集中使用了。

在传统的社会主义所有制理论中，劳动力要素的所有权问题处在很边缘的状态，并没有把它当作所有制的构成要素。比较主流的观点是认为所有制就是生产资料的归属问题，所有制就是生产资料所有制，连恩格斯在我们上面所引的文章中都干脆地说"社会主义的任务，毋宁说仅仅在于（！——笔者加的）把生产资料转交给生产者公共占有"（当然，这是出于特定角度分析需要而言的），因此生产资料公有了，社会主义的所有制就建成了。劳动力要素的归属问题没有进入所有制分析的范围。也有一些学者一直在探讨劳动力归属或者干脆叫劳动力所有制的问题，但是也没有明确这其实是所有制的构成要素，仅仅把它当成生产资料所有制之外的另一个问题。当然这样的讨论是有进步性的，因为这种讨论本身就说明生产资料所有制并不是全部，在生产资料所有制之外，还有一个劳动力要素的归属问题。至于这两个所有制之间构成怎样一个关系，这才是最最要害的。但当时的认识似乎还没有达到这个层面。在这种讨论中，比较强势的观点是社会主义劳动力属于全社会公有。这种观点完全是靠推理得来的。即社会主义就是要消灭私有制，生产资料已经公有了，劳动力怎么能私有，而且劳动者是在共同占有生产资料的基础上联合劳动，既然劳动是联合劳动，那劳动力当然公有了。

在改革开放之前，我们正是这样来处理生产资料和劳动力这两要素的归属关系的。生产资料已经公有了，劳动力当然也就公有了。虽然不同于生产资料公有制是公开声称的列入宪法的基本经济制度，没有很明确的劳动力公有制这样一种说法或规定，但这却成为经济生活中的一个基本事实，劳动力不能自由流动，属于实际上的单位、部门所有。经过多年的不断加深和扩大范围的社会主义改造，我们在全社会范围内基本上把非公经济几乎消灭光了。除了农民还有一点自留地和家庭副业（连这也被当成资本主义的尾巴经常被取缔），公有制已经成为了社会生产不但普遍而且几乎是唯一的形式，不进入公营经济，劳动者就无从劳动。

这种状况似乎令人沮丧。因为如果不作上层建筑的政治地位的分析，公有制条件下劳动者所处的地位与资本主义条件下雇佣劳动的状态暗合。劳动者不但丧失了生产的物的条件，而且本来属于自己的劳动力也不得不让渡出去了，他只能通过为别人劳动来为自己劳动。即使进行改革，也不可能改出一个劳动者直接掌控生产资料的前景，即使劳动力是属于劳动者自己所有的也无济于事。如果维持这样一种现状，那就没有什么重建个人所有制。如果要完成重建个人所有制这个社会主义的历史使命，那就必须创造出劳动者对自己劳动力要素财产权利的有效实现方式。

四、劳动力市场和劳动力资本

在计划经济时代，劳动者就业靠指令性计划分配，没有择业自由，排斥劳动力作为生产要素的横向流动和市场配置。改革开放之后，思想逐步解放，终于开放了劳动力市场并写入了执政党的决议。这一举措有两个方面的正面价值。其一，这是发展市场经济不可缺少的一步，如果只有物的生产要素市场，没有人的生产要素市场，那就不能真正实现资源的市场配置，市场经济的效率就不能充分体现。其二，这表明劳动者获得了进一步的经济解放，有了择业的自由。择业自由是一个人的人身自由和社会自由的很重要很基本的方面，因为一个人如果只能或者必须服从行政指令或管辖从事规定的职业，这和强制劳动甚至奴隶劳动不是很相似吗？因此，开放劳动力市场是经济体制改革的很重要的成果。但也应当说明的是在我们国家劳动者在所有制中所处的地位并不因为是否有劳动力市场而发生根本的变化，劳动者的经济属性基本是稳定的。

所谓市场，其实是指商品生产者相互交换各自的产品。劳动力市场开放之后，劳动力是否就成为商品了呢？是否就是企业和劳动者之间买卖劳动力商品了呢？在讨论要不要开放劳动力市场的时候，劳动力是不是商品是一个敏感的问题，而当执政党明确表示开放劳动力市场之后，这个市场是否导致社会主义的劳动力成为商品的问题反而变得沉寂了。也许在大多数人看来，开放了劳动力市场，劳动力当然就是商品了。更加激进一些的观点干脆认为既然劳动力是属于我自己的，我想卖就卖，有何不可呢？如前所述，在目前社会条件下，我们还不得不把资本主义商品生产个别当作商品生产一般沿袭下来，改革开放中商品经济的发展基本上就是这样走过来的。在我们的劳动力市场上，招聘、应聘成为基本的交易方式，双方相中了，就签订劳动合同，劳动者入职工作，企业发放工资。这样一种交易方式，说劳动力不是商品也难。但既然劳动力成为了商品，劳动者又是以获得工资为目的的为企业干活，要说这样的劳动不是雇佣劳动也显得勉强。

但是社会主义的劳动力到底是不是商品，应不应该成为商品，这个问题仍然应该搞清楚，某种意义上这正是公有制进一步改革的关节点。马克思之所以主张消灭资本主义私有制，目的就是为了消灭雇佣劳动，而要消灭雇佣劳动，工人就不应当是为工资而劳动。恩格斯对这个问题也有很明确的说明，他认为社会主义"要把人的劳动力从它作为商品的地位解放出来"（《马克思恩格斯选集》第三卷第309页），劳动力"应当不和它的价值相交换，而和他的使用价值相交换，价值规律应当适用于其他一切商品，但是对于劳动力，它是应该被废除的"（同上第414页）。在资本主义条件下，劳动者把自己的劳动力当作商品让渡给了资本家，这个劳动力被资本买得，被资本家视为自己资本的组成部分。因为，从形式上来看，工人为资本家劳动，资本家向工人支付工资，这个工资是资本家从流动资本中支付的，如此雇佣工人提供的剩余劳动也就自然地被资本家视为是自身资本的增值了。这样一个买卖和转化的过程包含了雇佣劳动的全部秘密。

马克思的分析早已表明劳动力的买和卖只是一个表面形式，所谓资本家向工人支付工资也只是一个假象，因为工资都是在工人付出劳动之后再支付的，它只是工人劳动所创造价值中的一个部分。所以是工人向资本家预付自身劳动力的使用价值，而资本家向工人支付的只是来自于工人自身创造的被资本家无偿占有了的东西，把这一点分析清楚恰恰成为社会主义可以和资本主义有所区别的地方。马克思指出，工人向资本家让渡的是劳动力的使用权，而劳动力的所有权仍归劳动者自己，只有这样，他才能保持自由之身，不断地让渡劳动力的使用权。但在雇佣劳动中这一条实际上被资本主义的占有规律否定掉了，用于支付工资的流动资本或马克思所称的可变资本成为了资本家资本的组成部分就说明劳动者的劳动力所有权在雇佣劳动中已经被虚化，不成其为劳动者的要素财产权利了。因此社会主义应当把这一点纠正过来。

由于社会主义的商品生产是社会化的大生产，由于生产资料必须社会集中使用，由于在这样的生产力技术水平上劳动者只能实行联合劳动，也就是"把他们许多个人劳动力当作一个社会劳动力来使用"，而社会主义的劳动力市场就是为了实现这一配置功能的，即单个的劳动者在这个市场上把自己个人的劳动力交出去，由企业来整合，当作一个社会劳动力来使用。这样一个过程采取了招聘、应聘、签订劳动合同、入职上班干活、领工资等环节，这确实是一个采取了商品交换形式的过程。因为采用商品和商品交换形式效率最高，最有利于实现生产要素的配置。但是社会主义的劳动力市场其功能也必须止于此，即用商品形式来实现劳动力的配置，这种配置绝不应当像资本主义的雇佣劳动那样导致劳动者劳动力所有权的灭失，决不应当使生产的物的要素财产权利吞并劳动的要素财产权利，使劳动力成为了资本的所有物并成为资本的组成部分。我们过去对这一点认识不足、缺乏戒备，没有能够和资本主义区别开来。结果在公有制条件下，劳动者既没有能够占有生产资料，而且在实际上把自己的劳动力所有权也像风中的草帽那样弄丢了，两要素财产权利均离劳动者而去。

分析至此，社会主义所有制的一条基本规则已经展现在我们眼前：社会主义的劳动者在让渡自身劳动力使用权的同时，并不丧失自身劳动力的所有权。这条规则并不抽象，它应当直接表现为在企业的资本构成中，劳动力资本必须有相异于生产资料资本而归劳动者的独立的存在，劳动者以自身的劳动力要素成为所有制的一方主体。社会主义的所有制不应当是公有生产资料代表者一方独有的所有制，而应当是与另一方即劳动力所有者两方合作共有的所有制。

▶ 五、物本与劳本

资产阶级经济学家把企业资本划分为固定资本和流动资本两部分，这是以资本在生产过程中形态变化的特征来作的区分，而马克思从资本增值真实来源的角度把资本区分为不变资本和可变资本，前者是生产资料资本，后者是劳动力资本。马克思这种区分的目的在于揭示只有劳动者的劳动才是剩余价值的源泉。如果从所有制就是生产要素财产权利相互关系的角度出发，那么企业资本也可以作两个种类的区分，即生产的物的要素即物质材料资本和生产的人的要素即劳动力资本，可以分别简称为物本和劳本，二者都是企业资本的组成部分，是社会化商品生产条件下非雇佣劳动的两要素财产权利。

现在我们来到了构建社会主义两要素财产权利关系的重要路口。社会主义的国家在消灭了资本主义的私有制之后，实行了生产资料的国家所有，我们一直认为这就表明社会主义的生产关系即社会主义公有制建成了。现在看来，这是一个认识的误区。因为这只是解决了一个物的要素财产权利的主体问题，还有一个其实是更为重要更能触及社会主义生产关系本质的问题被视而不见：劳动要素的财产权利如何安排和实现。劳动者现在还在生产过程之外，他们的生产资料所有权被国家代表了，用直接占有的标准来衡量，劳动者除了自身的劳动力外一无所有。如果不作社会关系的分析，这和资本主义生产关系起点的状况类似。劳动者怎样才能进入生产过程呢？在这个问题上，前三十年的计划经济和后三十年的市场经济对劳动者而言没有本质区别，劳动者以让渡自身劳动力的使用权为条件进入企业为物的要素财产权利主体提供劳动。问题由此产生，我们拐入了国家资本主义的路径：企业在占有了劳动力使用权的同时，在劳动者不觉察的情况下同时占有了劳动力的所有权，也就是说用物本占有了劳本（因而也就转化成为了资本）。本来企业只是物本主体，但我们沿用了雇佣劳动的逻辑：物本主体雇佣劳动者，劳动者从物本主体那里领得工资，干多少活，就得多少工资，似乎劳动权得到了完全的实现。这种现象是很容易使劳动者迷惑的，因为工资之外的一大块剩余，劳动者根本就没有份。经过这样一个过程，两要素财产权利的主体又一元化了，但没有一元于劳动者自身，而是一元于劳动者相异的国家了。这不是重建，而是对重建的异化。

在改革深入发展的今天，在社会主义往何处去成为一个现实拷问的当下，是时候来对国家资本主义进行改造了。这个问题听似宏大复杂，其实也有一个相当简单的分水岭。国家作为生产资料的所有者以提供就业岗位让劳动者来为企业劳动，以劳动者获得工资为劳动要素财产权利的全部实现就是国家资本主义。但如果将劳动要素的财产权利作为构建所有制的两要素之一，劳动者在为企业劳动的同时保留自身的劳动力所有权，在企业资本中划出归劳动者的劳本，则单一要素的生产资料所有制就改造成了两个要素所有者主体的全要素所有制，劳动者以自身的劳动力亦即劳本成为了所有制的主体之一，不但得到工资，还能以劳本分享剩余，这将改社会主义的国家资本主义为共同占有生产资料（被代表）基础上现实版的重建的个人所有制。

我们在这里说的意思是社会主义劳动者劳动权利的实现不应当表现为仅仅是能够就业，通过参加劳动而获得工资，这远远不够。劳动者作为从资本主义的雇佣劳动制度下解放出来的社会主义生产关系的主体，虽然他的生产资料所有权被国家代表着，但他作为劳动力要素所有者的地位不应当被弃置。在商品经济条件下，既然生产的物的要素即生产资料可以转化为资本（应当说是物本），那么生产的人的要素即劳动或劳动力当然也应当同时转化为资本，亦即劳动力资本或者称为劳本。生产资料转化为物本后，生产资料要素的主体即成为所有制的主体，两要素财产权利的主体本来应当是一种相互平等的关系，他们在市场上相遇，劳动力的买和卖遵循商品交换规律，这种交换的结果不应当导致物本对劳动力的占有，而是应当借这个交换完成生产条件的配置，达成两要素财产主体的合作。所以劳动力转化为劳本之后，劳动力要素的主体也应当相应成为所有制的主体。只有这样做了，社会主义劳动者的要素财产权利在当前的公有制条件才算是得到了实现。

由于我们长期以来把生产资料所有制视同为所有制的永恒的普遍的形式，因此，对于劳动力要素是所有制的构成要素，对于劳动力要素的主体是所有制的主体感到匪夷所思。而这恰恰说明我们继承沿袭了资产阶级的所有制观。生产资料所有制是支配他人劳动力的所有制，这种所有制否认两要素的平等合作关系，否认劳动力要素的财产权利，把劳动当作了生产资料要素主体独占的对象。如果把社会主义的所有制还是搞成生产资料的所有制，那就可能与资本主义一脉相承。其实在商品经济条件下，劳动力资本即劳本是一个客观存在，只不过在资本主义条件下，资本家把劳本据为己有了。而社会主义要做的就是把劳本归还给劳动者自身。

也许有人还会问，劳动者不是已经得到工资了吗？怎么还会有劳本呢？工资和劳本是两个不同的概念，没有对应关系。工资是企业占有劳动力使用权所支付的代价，或者说是劳动力使用权的价格，而劳本则是劳动者劳动力所有权的资本化。这和物本所处的状态其实是一样的。物本投入生产过程，每个生产周期它都要取回自身在生产过程中的消耗，工资与此相同也只是对劳动力在生产过程中消耗的补偿，与此同时物本作为企业资本的固定份额从剩余中获取要素回报。劳本的安排只不过使劳动力要素在所有制结构中取得与物本相平等的地位，在取得补偿之余也再收获一份要素回报，分红才是与劳本对应的范畴。

附带说明劳本应是一个集合概念。虽然劳动力存在于每一个个体的劳动者，但在联合劳动的情况下，这些个人的劳动力是集中起来"当作一个社会劳动力来使用"的。其实在企业的资产结构与股本结构中，物本也是一个集合概念，在社会化大生产条件下集合概念是必然的表达，尤其是当企业达到一定规模之后。各个个人的劳动力所有权只有集中起来才能获得有效的表达，某种适当形式的职工团体可以成为代表全体职工的劳本持有人。在企业的资产结构和股本中有了劳本的份额之后，劳动者就可以出席股东大会并在董事会中有自己的席位，这样劳动者就可以实质性的而不是象征性的参与企业重大事项的决策，并对经营者实行有效的监督。此外，在企业赢利的前提下凭劳本参与分红，从而真正获得劳动力的要素回报。如此，劳动者自己劳动的不受剥夺的实现就由工资与分红两部分组成。虽然实际运行起来分红不一定会很多，劳动者的收入中工资可能占主要部分，但劳本与分红毕竟表明劳动者经济地位和劳动性质的根本变化。

企业的工资总额与劳动生产率也许可以成为劳本所占份额的依据，两要素主体之间的博弈也会起作用。一开始不用把这个问题搞得太复杂，先求起步，从无到有，生动的实践会提供无数案例，最终会创造或提供出达到均衡的模式。劳本虽然作为集合概念不劈分到人，但分红肯定要到人。到人的过程与办法也不会很复杂。因为在现代商品生产条件下，社会是把每个劳动者当作社会平均的劳动力来使用的，因此只要划出工种、岗位、工龄、劳动表现等几个标准或等级，分红就可以到人了。

　　还有一点需要说明的是应当规定劳本不可抵押不可转让，这是劳本区分于物本的地方。物本作为生产要素介入生产过程之后，实际发挥作用的是物本的使用价值属性，因此如果物本的财产主体发生转换，不影响其在实际生产过程中的使用。但劳本就不同了，劳动力要素唯一存在于劳动者人身，不可能转移，如果劳本抵押或转让，那就意味着劳动者放弃了自身的劳动力所有权，那他就将失去自由人的社会地位，社会主义条件下当然不允许出现这种状况。

第八章

劳本归劳动者的 所有制再造

改 革开放以来，我们对于社会主义所有制建设究竟应该确定一个什么样的标准和目标，虽然也时有阶段性的提法，但应当说仍然缺乏明确的整体性思路。加之把本来应当具有丰富内容的生产力标准简单而简陋地理解为 GDP 标准，我们对本来应当极为关注的劳动者在所有制中的地位以及在经济增长过程中的发展重视不够。其负面的作用应当说已经越来越严重。因此在改革深入发展而且迫切需要凝聚共识的情况下，社会主义所有制的完善与再造是不可忽视的重要任务。

▶ 一、两要素财产权利主体相互关系的调整

我国社会主义的生产关系已经经历了六十多年的发展，但从全社会来看，两要素财产权利主体相分离的局面没有根本的改变。

农村经济这一部分本书基本上没有分析。而且从现阶段来看，农村集体所有制在两要素财产权利的相互关系上算是解决得比较好的。由于农业生产的特点，集体所有的土地可以分割成小块交由农户经营，农民用自身的劳动以及其他要素投入进行生产经营，加之国家已经免除了农业税，除了还有一定的集体提留，目前阶段我国农村已经较好地实现了劳动者的自己劳动。当然会有很多外部因素如政府管理，农用生产资料价格，流通环节的问题等可能会消解这样一种比较

好的局面，但这已经越出了我们对所有制探讨的范围。但另外一个现象值得观察，在市场经济条件下，城乡之间生产要素的流动是中国历史上空前的，青壮年农民进城务工已经成为城市经济中劳动力要素供给的一个极其重要的部分。本来已经实现了两要素财产权利归于一身的农民一旦离开土地进城，在目前体制下，他又成为了一个单纯的劳动力所有者了。所以如果从城市经济这个角度来观察，农民工与城市劳动者一样不具备物的要素的财产权利。

在我国的国民经济中，作为生产条件的物质要素，无论是土地、矿产等自然资源，还是作为劳动产品的生产资料，其主体部分都是国家所有的。劳动者只能以劳动力要素所有者的身份与之发生联系。

改革开放的伟大成就之一是发展了一大批民营企业，在国民经济中发挥着越来越巨大的作用。一大批民营企业主是有别于国家的新生的生产的物的要素的财产权利主体。

在不分析外资的情况下，目前我国两要素财产权利相互关系的基本格局，就是国家和民营经济的企业主是生产的物的要素的财产权利主体，而城市劳动者（含农民工）是单纯的劳动力所有者。

在城市劳动者之中有数量不少的部分可以凭自身的劳动力以个体劳动的状态从事生产和生活，虽然自己基本不具备生产的物的要素，但也不必要借助别人的物质要素。如果按劳动的复杂程度来区分，那么这一类个体劳动者在高端和低端都可以存在。例如前述软件工程师等专业技术人员，只要他有一定的营销能力，是完全可以以个体劳动的方式存在的。在社会劳动的低端也有许多个体劳动的存在，如街头常见的打短工的人，直接以出卖劳力为生。还有在当代中国任何一个大小城市都随处可见的拾荒者，这些人虽然不创造政府统计意义上的GDP，但毫无疑问却处在代表了产业结构升级方向的循环经济的低端入口。他们的劳动勉强可以维持生存，如果还能拿上一杆秤背上一个编织袋做起收购废品的生意，那维生之外还有可能养家。

说这些话的意思是在于，在当今全社会两要素财产权利主体分离的整体状况下，有一部分劳动者可以在不具备物的要素的情况下，依靠自身的劳动力通过个体劳动而谋生。

但是从城市劳动者整体的主要部分来讲，他们仍然要寻求与生产资料结合才能得到劳动的机会。然而改革开放虽然持续了三十多年，雇佣劳动制度这份历史遗产却仍然未被触动，依然是目前各种所有制中两要素财产权利相互关系的基本格式。

走出国家资本主义就要从走出雇佣劳动开始，走出雇佣劳动就要从还原劳动者的劳本所有者身份开始，调整两要素财产权利的相互关系应是当务之急。对租佃制尤其是其中的分成制的分析使我们认识到，即使两要素财产权利的主体发生了分离，但在一定的条件下，仍然有可能在一定程度上实行两要素财产权利主体共同控制生产过程，分享生产成果。所以社会主义的劳动者在生产条件分配这个环节上不是单纯的劳动力使用价值的让渡者，他不因这种让渡而放弃或丧失自身劳动力要素的财产权利，即他依然是自身劳本的所有者，他不但领到工资，还分享剩余，获得要素回报。所以想要跳出雇佣劳动的资本主义窠臼其实不难。

二、全要素所有制才是社会主义所有制的基本形式

在笔者看来（当然现在没有把握说这些看法是否能得到理论界以及整个社会的认同），我们在六十多年来的社会主义实践过程中一直没有真正弄明白重建个人所有制的关键是要消灭雇佣劳动制度，

使劳动者从受他人支配、为他人劳动的状态下解放出来，真正实现为自己劳动。消灭雇佣劳动才是社会主义的历史使命，才是社会主义的核心价值。由于在这根本之点上认识模糊，我们把公有和私有的对立当作了社会主义与资本主义的根本区别，而实际上，公有制和私有制都是可以采用雇佣劳动方式的所有制。我们反资本主义反了几代人的时间，但却在雇佣劳动这个基本点上长期并没有真正与资本主义划清界限。

从严格的本源意义来讲，马克思所设想的未来社会的公有制在现实生活中是不可能实现的。对此没有必要作复杂的理论证明，只要指出马克思关于公有制的两个理论前提就可以了：第一，马克思设想的未来社会已经消灭了商品经济；第二，因为消灭了商品经济，所以所有社会成员除了个人消费品之外，也没有任何私人财产。在这两个社会前提下，全社会单一的公有制其实已经是无所有制。因为任何一种所有制都是有边界的，而公有制如果其所有权扩展到了社会的全体成员，那么这个社会已经不存在无所有者了，没有了有和无的区别，那么有即是无了。因为人人都可以自由呼吸到空气，所以也就没有空气所有制。这样的公有制已经不是作为财产权利的所有制了。因此，我们现在所搞的公有制可以说来源于马克思，但不等于马克思。人们把空想社会主义当作马克思的三大来源之一，但在笔者的认识中，马克思的学说并没有和空想社会主义彻底划清界限，而全社会单一的公有制以及消灭商品经济就是其集中的表现。在现实的社会主义实践中，商品经济从来也没有被消灭过，相反，还不断发展。商品经济条件下的所谓公有制，其实是存在所有制边界的，那么在边界之外，必定有其他形式的所有制存在。而且有商品经济，就一定会有私人财产，而且私人财产随时可能转化为生产要素的财产权利。因此，杜绝了空想的真实的社会主义必定是多种所有制并存的，各种所有制之间的相互关系固然是要研究处理的问题，但是更加重要的却是在于不管哪种形式的所有制，都应该体现社会主义的属性，都应当告别雇佣劳动制度，使劳动者获得自身劳动的所有权。从这一标准出发，目前的多种所有制包括公有的国家所有制在内，都是社会主义所有制的未完成态。

社会主义的所有制应当是两要素财产权利主体都具备所有权因而相互平等的所有制，它不是支配他人劳动力的单元的生产资料所有制，也不是劳动者异己的却又唯有服从的所有制。因此，全要素所有制才是比公有制更加体现社会主义本质特征的社会主义所有制的基本形式。

全要素所有制是对生产资料所有制的否定和终结。所有制作为生产条件的分配，不管采取何种形式都必然是生产的物的条件和生产的人的条件的分配和组合，二者缺一不可。因此所有制的本质就是要素财产权利的相互关系。在不同的所有制中，两要素主体的地位以及相应的财产权利是不同的，由此也就形成了不同所有制各自不同的社会属性。生产资料所有制作为人类所有制的一种历史形式，虽然也是生产的物的条件和生产的人的条件分配和组合的一种结果，但其本质却在于导致了物的要素主体的"一要素独大"，所有制成了物的要素独家的财产权利，成为了物的要素主体占有劳动要素的财产权利。因此，单一的生产资料所有制必定是劳动者异己的所有制，哪怕它是公有制。终结排斥劳动者财产权利的生产资料所有制才是社会主义的历史使命。社会主义必须创造能够实现劳动者自身劳动要素财产权利的所有制形式，而历史也已经证明，公有制承担不起这一历史使命。

全要素所有制是在新的历史条件下对劳动者个人所有制的重建和再现。真正弄懂什么是个人所有制是我们的认识过程中的一个重要环节。那么多被马克思称为或批评为小资产阶级社会主义的人士之所以寄情于个人所有制自有其合理的成分。小生产的个人所有制是劳动者自己的所有制，劳动者凭自己劳动就可以实现对生产结果的占有。马克思所处的时代、工业资本家所有制确立的历史前提就是大量小生产的破产，他们只有去充当雇佣工人这样一个唯一的出路，这些人当然本能地抵制雇佣劳动，宁愿流浪也不愿进入资本家的工厂，他们幻想能重回他们田园诗式的生活。小资产阶级的社会主义者既然批评资本主义制度，那么与资本主义相对立的个人所有制自然就被看好。但是在社会化大生产日益普及的情况下，小生产的时代总体上是一去而不复返了。马克思当然清楚这一点，但他在批评这种倾向的同时，也提取了其中合理的部分，即未来社会的所有制应当是劳动者自己的所有制，虽然生产资料因为生产的社会化不可能由劳动者一人来掌控一份，只能全社会共同占有，但是每一个劳动者并不因此而丧失自己劳动的所有权。而在全要素所有制中，劳动者的劳动力所有权凝结为劳本，劳本成为所有制实体资本中归劳动者的构成部分，这样劳动者即使不是直接的生产资料所有者，但是仅凭自己是劳本所有者就成为了所有制的主体，成为了生产过程的主人，从而改变了受他人支配的命运。

全要素所有制是不同要素主体平等合作的所有制。本来，所有制就是不同要素主体通过生产条件的分配投入自己拥有的要素达成合作，从而共同完成人类社会的物质资料生产。不同要素主体在所有制中构成合作关系。但是由于不同要素主体不同的经济地位和社会地位（虽然马克思的历史唯物主义认为是人的经济关系决定其他社会关系，但是社会关系作为一个既定的存在，完全可以反作用于经济关系），加之在阶级社会中暴力和强权的介入，生产条件的分配往往导致不公平的结果。一般来讲，物的要素主体往往处在强势地位而挤占其他要素主体的财产权利空间，而在不同物的要素主体之间例如作为劳动产品的生产资料要素主体和作为自然资源的土地要素主体之间等等，其财产权利也未必完全是自然分配的结果。特别是如果国家也作为要素主体出现的时候，这种倾向就可能更严重。而公平、平等是社会主义的核心价值，全要素所有制其实宣示了不同于人类社会其他社会形态的生产条件分配的规则：任何一种要素主体经过生产条件的分配都得以成为所有制的主体，这些不同主体构成平等合作关系，共同参与生产过程，并且共享生产成果的分配。

在笔者的上一本书《走出公有制迷信的误区》中，鉴于人类社会即将进入知识经济时代，知识日益成为生产力中独立的重要性不断增长的要素，并参照当代管理学大师德鲁克的分析，把从事创新科技劳动的劳动者称为知识工作者，所以把知识工作者的劳动能力称为"知本"，并提出知识经济背景下当代社会的三大生产要素是生产资料、知本、劳本，全要素所有制就是三大要素主体构成所有者主体的所有制。可以理解，知识工作者也是劳动者中的一个部分，因此知本也是劳本中的一个部分，为了论述问题简便起见，本书将知本归入劳本，采取生产资料与劳本的两要素说，两要素说与三要素说没有原则的差别，在这里只是为了论述的简便。

》 三、劳本归劳动者的所有制再造

改革开放三十多年来，我国的经济取得了举世瞩目的巨大发展。虽然一直以来尤其是近几年社会普遍认为在收入分配上存在较大问题，但总体而言，全体人民都是这一经济发展的受益者。这里面无可否认有上层建筑对经济基础的反作用，我们是社会主义国家，社会主义各项基本制度（而且在很多方面不断在着力完善）体现和保护人民群众的基本利益，这些都是社会经济生活中非常重要的因素。如果要作一下姓社姓资的判断，那么三十多年来的经济发展虽有干扰和曲折，但总体上仍是巩固并且张扬了社会主义方向的。这也是中国的经济发展引起全世界高度关注的一个重要原因。这些成为我们分析问题的重要前提。

　　回到我们的所有制问题上来。改革开放冲破了思想阻力，形成了多种所有制并存的格局，公有制本身也经历了深刻的变化，与计划经济时代大不相同了。但是我们发展多种所有制的出发点或者说目的，是功利性的，即为了发掘社会潜在的增长能力，加速商品经济的发展。如前所述，人类到目前为止并没有创造出有别于资本主义的社会化商品生产方式，这个方式主要就是雇佣劳动，我们的发展其实是延续了这一方法。尽管我们强调我们从资本主义商品经济中采用进来的一些方法是非资本主义独有的，是商品生产或市场经济的共性，但我们在用这个共性的东西的时候，并没有真正把它的资本主义形式去掉。当然也没有必要谈资本主义色变。《共产党宣言》中对资本主义促进人类社会生产力的空前发展给予了很充分的肯定，对于我们这样一个封建传统深厚的国度，采用一些资本主义方法来获得发展未必不体现进步，因而也是无可厚非的。应当警惕的是这些做法如果和权力相结合则有可能导致权贵资本主义。

　　所以对这样做所存在的问题和不足不可视而不见。对目前社会广泛诟病的收入分配不公、贫富差距扩大等经济增长中的负效应，如果究其根源，是可以归因到所有制问题上来的。目前社会主义的各种所有制中都缺失劳动者的劳动要素财产权利，这严重限制了劳动者分享经济发展的成果，并成为全社会尤其是基本群众对改革发展共识渐趋弱化的重要原因。因此，在目前这样一个重要的新的历史关口，为了凝聚全社会的共识，促使改革深入发展，并使经济能够健康地持续发展，所有制的再造是一个必须突显的课题。

　　如果要论所有制的改革，那么应当说要解决的问题很多，如国有企业改革的问题，不同所有制尤其是公营经济与民企相互之间的关系问题，进一步完善公司制的问题，民企的发展方向问题等等。但是这些各种各样的问题的解决都应该立足于一个基本面，即改革深入发展形势下的所有制改革必须调整两要素财产权利的相互关系，恢复劳动者在所有制中的主体地位，能够在所有制实体中实现劳动者自己劳动的财产权利，哪种所有制在这一点上都不可例外。有了前面的分析，这个问题在操作层面上其实变得非常简单，即将劳本嵌入所有制实体的股本结构中就可以了。

目前我国的公营经济无论是央企还是地方的国企其实都存在着所有者与非所有者的分化或者对立。以前是不承认这一点的，但这是事实。现在不会有哪一个职工会认为自己是企业的主人，他们的感受是真实的，想靠教育来提升职工的主人感是徒劳。但是非所有者的定位其实也不准确。政府是生产的物的要素的所有者，劳动者是生产的人的要素的所有者，如同政府作为物的要素主体以物本成为所有制的主体一样，劳动者以劳本也应成为所有制的主体。这样公营经济就改造成为了全要素所有制，引入劳本之后的公营经济将是政府作为物的要素的所有者与拥有劳本的劳动者的联合体。在这个所有制中，两要素的主体和相应的财产权利将由不同的角色来承担和拥有，这种清晰的表达和身份定位将有助于克服公营经济在所有制问题上的模糊性，从而获得更加健康的发展。

民营经济同样也面临再造的任务。民营经济的迅速发展和壮大已是当代中国不可改变的现实，对此无论抱肯定、否定或者有所保留的态度，民营经济都已经是一个既定的存在了。但是目前讨论以及政策投放的重点，都集中在要不要进一步鼓励民营经济的发展上，集中在哪些产业领域，应当不应当向民企开放这样一类的问题上。而对于民营经济自身在发展过程中如何克服先天不足如何加以完善这样一个基本问题考虑得却比较少，实际上，这是关乎我们社会主义社会属性的一个重要问题。

中国共产党第十三次代表大会的政治报告中指出：民营经济是存在着雇工经营的经济形式，这是一个十分重要也是切中要害的判断。但当时的政策方向是解放思想，下大力气促进民营经济的发展，所以对民营经济存在的历史局限性，对民营经济不可避免的自身缺陷，当时采取了姑且容忍的态度，并没有着力去解决它。但是事情慢慢在起变化，因为民企越做越大了，有的甚至成为地方经济的主体部分，成为地方财政重要甚至主要的源泉。这种状况诱使一些政府官员去搞社会主义改造，以一些能占据道义制高点的名义例如安全生产、杜绝腐败、清除假冒伪劣等理由用公企对民企进行兼并。因为民企有一些缺陷而将之干掉这样的做法，和中央鼓励民企发展的方针是相违背的。所以现在是到了这样的历史时刻，在民营经济已经有了比较充分的发展的情况下，如何帮助其完善。在我看来，最核心的就是要平稳地解决"雇工经营"的问题。

笔者在本书以及《走出公有制迷信的误区》中多次表达了这样的观点：在雇工经营的问题上，民企和公营经济没有什么区别，只不过在公营经济中是由国家或者政府来充当雇主。和民企的私人企业主相比较，前者作为雇主却处在一个道德高地上，他的雇工经营可以打着为国家积累的名义。但是对劳动者而言，无论是为公营经济打工，还是为民营经济打工，都要支付自身劳动要素财产权利丧失的代价。目前，不少民企出于市场竞争或自身发展的外在或内在驱动，已经有了自我完善的愿望，比较常见的一个做法就是为了稳定团队骨干而派发股份，使这些人也成为企业的所有者。这种做法当然有效，但是这种做法依然局限在生产资料所有制的旧有历史格局之中，依然没有触及劳动者自己劳动的所有权这一关键。要在民企中解决雇工经营的问题，只要恢复劳动者也是生产要素所有者的地位，只要把民企视为是生产的物的要素所有者与人的要素所有者双方合作的联合体，物的要素主体以物本取得所有制实体的股权（如无例外，应处控制地位），人的要素主体以劳本也取得所有制实体的股权，物本所有者与劳本所有者按股权比例共享生产成果，就可以视为是雇工经营的终结了。实现这一目标绝对不需要采取把民企改造为公营经济这样极左的做法，保护民企的私有产权应当是我们坚定不移的方针。民企中劳动者自己劳动所有权的实现和民企的私人产权二者不应搞成有你无我的关系。私人企业主对劳本的设置未必会有很大的抵触情绪。

目前，各界都在呼唤要搞改革顶层设计。说实话，在目前时局能否搞出一个跳出了利益集团博弈的顶层设计，本人是抱悲观态度的。改革已经被污名化了。如果要搞改革的顶层设计，在它的前端还有一个指导思想的问题，这个指导思想首先必须回答对中国目前乱象纷呈的时局怎么看，以及针对这种经过分析的时局的治国方略是什么，如果没有一个能凝聚全民共识并达成全民和解的治国方略，改革的顶层设计即使万幸没有什么偏差，那也只是空谈。再回到顶层设计上来，所谓改革，本质上是生产关系的调整，新时期的改革方案如果在所有制问题上不落重墨，那么改革就没有灵魂。变生产资料所有制为全要素所有制是新时期改革一定要承担的历史使命。我们老是讲中国特色，这才是一个实实在在有意义的社会主义中国特色。

本书不作操作层面技术环节的探讨，因为这是一个由实践来解决的问题。仅仅提出三条建议。

第一，国家在适当的时机出台相关法规或政策，在公营经济、民企或其他经济成分中稳步推进企业中劳动者的劳本制，逐步将我们的所有制改造为全要素所有制。

第二，劳本的评估是一个实践的问题，工资总额，企业的劳动生产率大概可以成为基础性的参数，如果是上市公司，应该扣除资本溢价，回到资产净值的平台上来。

第三，对于引进了劳本机制的，在企业所得税上实行差别税率。

如果全要素所有制得以推广，那么公营经济与民企在所有制上的对立将在很大程度上消解。虽然以前的对立在很大程度上也是人为制造出来的，因为双方其实都在搞雇工经营，有同源性。而现在由于都实行全要素所有制，无论公营经济还是民营经济都成为了生产的物的要素主体和人的要素主体的联合体，各方凭物本和劳本得以共享生产成果，各自获得自己的要素回报，从而都能完成终结雇佣劳动的历史使命。二者的区别仅仅在于公营经济物的要素主体是政府，而民营经济物的要素主体是民营企业家。在纠正了左的倾向的改革开放的社会主义条件下，公民拥有财产不是罪。民企引入劳本而成为全要素所有制那就可以名正言顺地进入社会主义生产关系的正殿，与公营经济并肩站立，而无需仰视。这时候的民企之"私"由于已经跳出了雇佣劳动或剥削的历史窠臼，获得了新生，因而社会主义的人们也就得以跳出公与私对立的思维框架，社会主义非唯姓公、私亦非即资本主义。让大家都有产，才是有生命力的社会主义，而劳动者凭劳本就可以挣得。届时，在公私对立的基础上问姓社姓资已经是思想落后的表现，应当被扔进历史的垃圾桶了。

▶ 四、全要素所有制中劳动的两重性

马克思设想未来社会重建的个人所有制，生产的两要素是归于一元的劳动者自身的。按马克思的设想，社会化的生产资料由联合起来的劳动者共同占有，这个生产资料直接就是属于劳动者的，在这个基础上每个人再行使自己劳动的权利，那么生产的结果在作了各项

必要的扣除之后，每个人领回去的，刚好是他用自己的劳动所付出的。如前所述，这个设想的前提是商品经济已经消灭了，因此分布在不同地域，不同行业的社会生产在马克思的分析中只是一个整体，而在各个不同的时空中从事各不相同的具体劳动的劳动者在马克思的分析中也只是一个整体的联合劳动，因此分配也将由社会一次直接分配到每个劳动者个体，这样一种没有任何中间环节的理论抽象是无法还原为具体的。如果要还原为具体，以下因素必定介入：第一，还存在商品经济。第二，全社会的生产资料不属于劳动者一元的占有主体。第三，所有制中的地位有边界。第四，劳动者只能在一个所有制实体的范围内联合劳动。这几个因素在现阶段和可以预见的将来都是不会改变的，因此现实社会主义社会劳动者的劳动还不可能直接是为自己而且属于自己还能全部领回去的劳动。在两要素财产权利主体分离的条件下，重建的个人所有制只能是全要素所有制，上述几个因素依然会对劳动者的劳动产生影响。

在劳动者的个人所有制那里和马克思设想的未来社会那里，劳动者的劳动不受任何人支配，完全属于劳动者自己。很明显，全要素所有制做不到这一点，但做不到这一点却有正当的理由。因为全要素所有制不是劳动者唯一主体的所有制，在全要素所有制实体中，劳动者并不是运用自己的生产资料来劳动，而是凭藉另一个要素主体所提供的物的条件来劳动。因此这样的劳动不可能仅仅属于劳动者自己，也不可能由劳动者自己来实行完全的占有。这使我们想起分成制，二者有相似之处。在全要素所有制中，劳动者的劳动必然具有两重性。既是为自己的劳动，又是为他人的劳动，是为自己劳动和为他人劳动的统一。

全要素所有制中的为他人劳动与雇佣劳动制度中的为他人劳动有着本质的区别，这不是由他人支配的劳动，也不是被他人无偿占有的劳动，而是一种平等合作的为他人劳动。由于物的要素主体提供了生产的物的条件，因此他要求获得要素回报也是正当的权利。全要素所有制中物的要素主体的财产权利已经和生产资料所有制中生产资料所有者的财产权利有了本质的不同。后者是一种垄断的独占性的财产权利，他面对的是除了出卖自身劳动力使用价值外别无出路的劳动者。而在全要素所有制中，物的要素主体面对的劳动者是另外一个财产主体，这已经不是一个单纯靠出卖劳动力为生的赤贫，而是劳本所有者，他的劳动不可能完全属于别人，因为他已经不是靠为别人劳动来谋生了。这个为他人劳动止于为他人创造合理的要素回报，这个合理的界限也很简单，就是价值增值中按股权比例应得的那个部分。

与此同时，劳动者为自己的劳动也有了积极的实质性的内容。在传统公有制中，劳动者在理论上被定位为生产过程的主人，那当然是为自己劳动，但这很抽象，得不到什么具体的体现。而在资本主义的雇佣劳动中，劳动者是为挣得工资而劳动，这倒像是为自己劳动，但我们知道这只是一个虚假现象。在全要素所有制中，劳动者在为自己劳动，但这个为自己的劳动已经超越了谋生的最低层面，劳动不仅仅是为了挣得工资，劳动者为自己的劳动不止于价值形成过程，而是延伸到价值增值过程之中。价值增值过程是两主体共有共享的，劳本和物本一样会分享剩余获得回报。这一点形成了全要素所有制与生产资料所有制在劳动问题和分配问题上的根本区别。

五、全要素所有制条件下的工会组织

如果全要素所有制得以推行，则每一个所有制实体的股本结构中都有了劳本。如前所述，劳本是一个集合概念，如此，在所有制实体的股东大会和董事会中，必定会有劳本代表的席位。这是劳动者在全要素所有制中作为两主体之一的必然表现。这样的一个制度安排，使得企业的劳动者得以直接进入企业的权力结构，从而对企业发展战略目标的确定、重大经营决策的形成、企业财务状况和高管行为的监管等有了实际参与决策和发挥影响的位势，而对劳动者自身利益的各种诉求更是有了直接表达并提交讨论甚至形成企业相关决定的渠道和能力，从而使得全要素所有制中劳动者的身份地位较之于生产资料所有制中的地位有了巨大的提升。

这样一种可能发生的变化很自然令人联想到企业工会的问题，笔者不谙社会主义的工会理论，但总认为社会主义的工会是一个悖论。资本主义社会的工会可以理解为是雇佣劳动制度的产物，因为雇佣工人完全丧失了自己劳动的权利，在资本家的企业中处于无权的地位，除了政府的立法和资本家的"善心"，雇佣工人最起码的权益如工资标准，工作日长度，劳动强度和劳动保护，其他福利等等都是缺乏保障的。个体的抗争起不了什么作用，这样工会作为雇佣工人自己的组织就可以承担起为雇佣工人维权的使命。罢工和与资方谈判是工会常用的手段。因此，资本主义社会的工会对于改善雇佣工人的状况是有一定作用的。

但在社会主义条件下，宪法已经规定工人阶级是领导阶级，而且公有制条件下的劳动者被认为是企业的主人，这就使得工会的位置和作用显得模糊。曾经有一段时期在"左"的指导思想影响下，我们批评过西方工会的所谓福利主义倾向，意指资本主义社会的工会不致力于解决工人根本地位的问题。那么社会主义的工会又应该是什么使命呢？为工人维权吗？工人已经是主人了；搞搞福利吗？岂不也成了福利主义？当然，这都只是一些形而上的讨论。在现实经济生活中，由于市场经济的发展，企业出于市场竞争的需要有可能会产生忽视甚至伤害劳动者利益的倾向，尤其是目前不管是哪种所有制形式的企业，都由经营者实际掌控，而经营者出于企业利益甚至自身利益，侵犯劳动者利益的现象时有发生，这就为工会提供了存在和发挥作用的空间。我们也有相关的条例规定企业在一些重大问题的决策上应当召开职工代表大会，或经职工代表大会通过等等。但是实际情况的运行并不理想。企业职工的维权应当掌握怎样的一个限度是很难拿捏的事情，太轻起不到维权作用，太重，社会各界尤其是地方政府并不愿意看到职工群体与企业的对立。其一，这会被认为影响了GDP 的增长，其二，这种局面的出现被认为会影响维稳，而这几乎是当代中国的最高政治。所以我们的工会经常处在真不得来假不得的两难境地。在我看来，根本原因还是在于社会主义工会的定位并没有真正解决。

而全要素所有制其实为工会的设置和调整提供了新的机会和思路，在我看来，全要素所有制的实体中，由于上面说到的原因，工会已经没有存在的必要。而行业工会应当是今后工会工作的主要方向。

第九章

公营经济在国民经济中的保障作用

改革开放以来，公有制的一统天下似已成为前朝江山，前面已经分析过，把公有制当作社会主义的基本标志其实并没有抓住本质和要害，我们早该从这个认识的误区中走出来了。那么公有制更确切地说是公营经济在我们的国民经济中究竟应该承担怎样的角色和发挥怎样的作用呢？以公有制为主体或主导这样的方针真的很科学吗？这仍有讨论的必要。

▶ 一、公有制为主体的意识形态来源

全世界的人都知道社会主义就是要实行生产资料的公有制，而凡是曾经建立了社会主义制度的国家也都无一例外地实行了生产资料的公有制。这样一种认识和实践当然是来自于马克思，人所共知，马克思主张公有制的依据主要是两条。

第一，马克思所处的时代，资本主义的经济危机作为一种周期性的现象已经反复出现，马克思认为这证明资本家对生产资料的私人占有与实际上已经社会化了的大生产之间的冲突不可调和，社会化的生产力必定要求全社会直接占有生产资料，这样才能在全社会的范围内对劳动进行合理的分配。在笔者看来，马克思的这种论述方式也是一种线性的推理，逻辑似能成立，但往往与现实不符。我们在前面说过，如果把生产关系一定要适应生产力发展的要求理解为一定

物质技术水平的生产力必定对应一种特定的所有制形式，那就根本得不到实际情况的支持。当今世界各种各样的所有制都在搞社会化的大生产，没有听说有什么地方由于所有制不适应导致社会化大生产的夭折。而且在实行了公有制的国度，并没有如马克思所想象的社会化大生产中供给和需求的相互关系靠计划调节就可以不再发生脱节了。

第二，马克思的时代资本主义私有制导致雇佣劳动大行其道，劳动者丧失了自身劳动的权利，过着十分悲惨的生活。在马克思看来，雇佣劳动之所以成为普遍的生产形式，是以生产资料集中在少数人手里为前提条件的，要消灭雇佣劳动，就应该让劳动者直接掌握生产资料，所以必须消灭资本主义的私有制。但是由于生产力已经社会化，不可能还原到小生产那里去，只能实行生产资料的全社会共同占有，这就是公有制。

上述分析说明，社会主义必须实行生产资料公有制是马克思在理论分析基础上得出的革命结论，而且成为全世界所有共产党人和社会主义者政治纲领中必定无疑的组成部分，由于这个问题已经高度意识形态化和政治化，成为了宗旨，所以不需要再加以证明，也没有人会去质疑其正确性。尤其是在无产阶级执掌国家政权之后，这个问题更是超越了经济理论的层面，公有制已经成为了国家的基本经济制度。因此，那些坚持拷问姓社姓资的人，其实是有很充分的理由，因为社会主义就是生产资料公有制，现在这一点发生了巨大的变化，那还是社会主义吗？不争论并不能使得这些人不发问。这一现象恰好说明，公有制为主体这样一个重大方针其实来源于意识形态的信念，而不是来源于社会发展的实际。虽然我们也会引用实际来证明信念的正确，但这所谓的实际其实是用意识形态来解读的，并不是真实的实际。所以改革深入发展到目前的阶段，必须要对传统的社会主义意识形态进行清理，分清哪些是正确的，必须继续坚持，哪些不符合历史发展，应当与时俱进。

为何要从公有制为主体的思维中解脱出来，本书中相关分析已经很多，在此再做简单的归纳。首先，社会化大生产所要求的生产资料的社会集中，其实所需要的是其作为生产的物质手段的使用价值的集中，在商品经济条件下，有了现代企业制度的作用，已经可以做到在生产资料使用价值实行社会集中的同时，其价值部分并不一定要随之转移或让渡。因此，从满足社会化大生产需要的角度出发，生产资料的公有或私有已经不成为前提条件了。这也是当代社会的公有制或者私有制都可以从事社会化大生产的原因。我国改革开放之初允许发展个体经济即后来所称的民营经济，当时只是把它们定位于拾遗补缺，定位于对公有制经济起补充作用，但三十多年来的实际情况却是民企不断成长，有的甚至进入了全球 500 强，这不是社会化大生产又是什么呢？其次，从消灭雇佣劳动来讲，资本主义的雇佣劳动当然是和资本家的私有制相联系的，但是消灭了资本家的私有制并不意味着雇佣劳动的终结。以为搞了公有制就终结了雇佣劳动是把问题看简单了。

因此，在已经发生了变化的历史条件下，仍坚持从旧有的意识形态出发处理现实生活中的经济关系，我不知道这样一种认识和态度是否可以叫做新时期的历史唯心主义。应当有理论勇气对旧的意识形态进行整理和更新，与时俱进是唯一正确的选择。

▶ 二、公有制为主体是和计划经济相对应的

在一个相当长的历史时期内，公有制作为社会主义的基本经济制度是一个社会现实。1957 年社会主义改造完成之后，我国的城乡

经济基本上就是公有制的一统天下，很多人会据此认为而且更多的人似乎也无法否认国民经济取得了相对速度较于资本主义社会快得多的巨大发展，足以证明公有制的先进性和有效性。但如果要对这个问题作出更加深入全面的分析，那就不能忘记公有制作为经济发展的主体，是以计划经济为条件的，而且较快的发展是以对社会多方面的需求不断压缩为代价的。

马克思对资本主义的商品生产有这样的认识："把一个在价值上建立起自己的生产方式，进而按照资本主义方式组织起来的国家看成是一个单纯为了满足国民需要而工作的总体，这是错误的抽象"（《资本论》第三卷第963页）。因此，马克思并不认为未来社会还会是商品经济，因此价值范畴的内核所能起的作用仅仅在于"劳动时间的调整和社会劳动在各类不同生产之间的分配"（同上），这其实说的就是后来人们所采用的计划手段了。可见与马克思未来社会的公有制相联结的其实是产品经济亦即计划经济，计划经济其实是作为资本主义商品经济的替代而产生的。在旧的意识形态中，商品经济与私有制相连是资本主义，而公有制与计划经济相连是社会主义。由于改革开放已经向前走了三十多年，有时走得远了，需要回望，这有助于我们记清楚是从何处出发的，以及出发的目的是什么，从而正确地把握前景。

总体来讲，公有制和计划经济是相互适应的。公有制为主体或主导的提法只能说是计划经济思想的残留物，我们已经确定了市场经济的改革方向，而公有制为主体和主导和市场经济必然是冲突的，不会有什么公有制为主体的市场经济。

所谓经济，可以简单化地理解为就是社会生产，而生产就是创造供给来满足社会需求。因此，计划经济就是用计划手段来满足需求，市场经济就是用市场机制来满足需求。而能够与计划对应，并且使计划的管制和调度真正奏效的只能是公有制的经济实体。因为计划是全社会范围的计划，它调节全社会范围的生产和各方面的需求。而公营经济其生产资料是公有的，又直接归各级政府领导和管理，它代表着全社会的利益，体现政府的意图。因此政府可以直接向公营经济下达指令性计划，公营经济按指令生产，而产品生产出来之后，由政府直接调拨，由政府决定供给到什么地方去。因此，公有制是计划经济得以实现的保证，没有公有制，就没有计划经济。但是，如果要搞市场经济，而且这个市场经济是如我们所言是以公有制为主体的，那么这个已经处在市场上的作为主体的这些公有制企业即公营经济，它们该项如何动作呢？还是下达计划指令吗？现在已经没有这种计划机制了。即使还有，那不又恢复为计划经济了吗？

如果在市场条件下取消了对公营经济的计划管理，那么公营经济就必然要独立面对市场，必然会受到市场机制的作用和影响。但公营经济使用的是属于全社会公有的生产资料，公有制的使命是要代表全体人民的利益，这就令人很难想象公营经济在面对市场作用时应当如何反应如何行动，例如，公营经济要参与市场竞争吗？如果央企和央企竞争，这是一种什么利益格局呢？如果央企和地方政府所属企业竞争，那又是什么利益格局呢？如果是不同地方的公营经济相互竞争，这样的竞争又会带来什么呢？能把公营经济相互之间的竞争描述为全民利益和全民利益的竞争吗？这样的市场经济是市场经济吗？这样的公营经济是公营经济吗？所以，以公有制为主体的市场经济只是一个悖论，要么扭曲市场，要么扭曲公营经济。这样一种目标是不可能实现的。

◎ 三、市场经济与公有制的冲突

实际上市场经济的发展已经使得我国公营经济的经济属性发生

了几乎可以说是根本性的改变。要发展商品生产必然涉及对企业性质和作用的重新定位。最初的突破就是承认或者赋予国有企业在体现及代表国家利益的同时，有一定的企业自身利益。后来又进一步承认国有企业是相对独立的商品生产者，这是在"计划经济为主，市场调节为辅"的框架下提出的。和这一定位相适应，承认企业在许多问题上有自主权，很多过去要听命于政府的事项，逐步下放给企业去自行解决了。等到确立了市场化的改革方向之后，"相对独立"这样的提法也随之消失了，企业已经完完全全是一个面对市场的商品生产经营者了，大量的以前生产性的工厂，也纷纷改制成为了公司。这就使得企业行为的特征发生了方向性的改变。

第一，在计划经济条件下，国有企业听命于国家，国家下达何种生产计划或经济指令，企业是完全服从的。但现在由于企业有了自身利益，而且在实际经营决策中并没有什么有效的制度安排能确保企业把自身利益置于国家利益之下，因此国家或者说政府的意图在公营经济中执行不下去，或者打折扣、走样变形已经成为一种常态。更为严重的是很多情况下政府部门甚至成为了企业的代言人。也就是说企业的自身利益正逐步上升到企业目标的最高位。

第二，在计划经济条件下，企业是没有什么自主权的。而市场经济就不同了，经营范围内的事情基本上是由企业自己来决策。作为公营经济，其经营决策按其企业性质和使命来讲本应是从人民利益出发的，但有了自主权并掌握着可自行支配的雄厚资源之后，决策的基本依据已经变成了如何对自己有利。诸如经济过热时屡禁不止的地王，经济不景气时的钢企养猪等等，与国家和全民利益根本没有什么关系。

第三，以上分析说明，公营经济无论是央企还是地方政府所属企业只要进入市场，就会成为逐利者。这并不涉及道德评价，市场经济不是使用价值经济，而是价值经济。利润既是竞争的结果，也是企业为了生存和发展必然的追求。

所谓公营经济或者说公有制，不但企业的所有权是国家的，或者说是各级政府的，或者说是代表人民所有的，而且作为这种所有权的体现和结果的企业所为也应当是体现国家和人民利益的。但是公营经济进入市场之后，其所有关系没有改变，但企业所为却发生了极大改变，未必体现国家或人民利益了。把拿着国家的资产去经营局部或小团体利益的企业还视为公有制是很荒诞的一件事情。

所以，作为计划经济产物并与计划经济相联系的公营经济一旦进入了市场，其行为特征的变化表明其经济属性已经发生了不以人的意志为转移的变化。从代表或体现全民利益变成了以企业自身利益为重，从服从政府指令变成了追逐价格信号。企业行为的变化某种意义上是改革追求的目标，因为我们要发展市场经济，我们放弃了计划为主的经济管理方式，要求企业独立面对市场。这个目标本身并没有错。但我们没有想到而且至今也没有清晰认识到企业行为的变化一定会引起企业经济属性的变化，或者说企业的经济属性变了，才会产生预期的经济行为。而在实际上，尤其是改革的前一个阶段中，大量中小国企的改制就是这种趋势的反映，这样做并没有错。至于改制的个案是否全部都中规中矩，那是另一个问题。所以说从计划经济转换到市场经济，必定以所有制结构的相应调整为条件。但我们的认识却落后于我们自己的创造性实践，我们依然坚持"公有制为主体或主导"，与此同时，各级政府部门还在"理直气壮"地运用各种手段把自己的公营经济做大做强。一些理论上的解释还把这说成是社会主义市场经济区别于资本主义市场经济的中国特色。

公有制为主体与市场经济冲突的一个重要方面就是破坏了公平竞争的原则。由于公营经济有公权力的背景，它在以商品生产经营者的身份进入市场的同时，把公权力也带入了市场，使得我们的市场经济涂上了权力经济的底色。本来价格是最基本的市场机制，但现在权力机制对公营经济而言更加有效，这导致公营经济漠视价格信号，迷信权力解决问题。本来，价格、货币、信贷、利率、税收、税率等都是有效的市场操作工具，但是权力经济的底色使这些工具经常扭曲或变形。我们的宏观调控政策之所以屡屡难以奏效或有严重后遗症，公有制为主体的市场结构是重要原因。实际上目前宏观经济的一系列病灶都出在主体的公营经济上。其最集中的表现就是由于控制了上游资源而形成的垄断价格导致的国民收入分配不公，已经成为国民经济中的一种常态性因素。而另一方面各级政府和公营经济为了自我扩张，盲目和重复建设已经相当严重，只是现在还没有集中爆发而已。与此相联系的信贷扩张，其实已经形成并必将进一步形成潜在的不良贷款。现在虽然可以采取展期，借新还旧，注入优质资产等手段加以缓解，但早晚又要来一次大规模剥离不良资产。这其实就是废债，糟蹋的是纳税人的钱。如果公有制为主体的格局不改变，这种事情必定是过若干年就要来一次的。由于存在上述问题，整个市场经济的价格结构必定是混乱的，而且难以自我修正。这进一步说明经济结构的调整必定要求所有制结构的相应调整，否则可能只是表面功夫。

针对社会上提出的公营经济应当退出竞争性领域的观点，一些公营经济的代言人又理直气壮地加以反对，他们认为在这些领域里，公营经济为国家赚钱有何不可！意思无非是说民企是为私人赚钱，公营经济代表国家来和你竞争毫不理屈。这种认识是不能成立的，理直气壮地参与竞争的前提是你有能力，能赚钱。但是谁都知道，第一，公营经济的效率是低的，这是全世界的普遍现象，这是由公营经济的制度特征所决定的，对此没有必要再去做理论的证明，我们也不应该因为有了中国特色的提法而以为自己可以例外。第二，低效率的企业之所以能参与竞争而且还能胜出，无非靠的是公权力的支撑而有了垄断地位可以获取垄断利润。垄断利润并不来自于企业自身的创造，把垄断利润夸耀为成绩是肤浅的做法。第三，目前公营经济以国家的名义赚了大钱但国家却没有拿到或只拿到很少，这是人所共知的，提高几个百分点的上缴并没有解决根本问题，以公家的名义来赚钱结果公家并没有多得钱，其实只是肥了少数人。至于说民企是为私人赚钱所以公营经济不能退出，这更加是用意识形态手段来处理经济问题。民企只要守法经营，照章纳税，其收入就是合法收入。何况还可以通过政策来调节收入分配，如果推行了全要素所有制，劳动者凭劳本参与分红，这个问题就会解决得更加完美。当然最根本的问题还在于公营经济的使命究竟是什么？是为了赚钱，还是为了满足公共需求？这才是公营经济定位的关键。

▶ 四、公有制为主体背后隐藏的封建传承

改革开放之初发展多种经济成分的时候之所以强调以公有制为主体，固然主要是出于意识形态的考虑。人的认识的常态是渐进，当时全党的共同认识是社会主义就是公有制，改革开放是为了完善社会主义而不是走向资本主义，所以发展多种经济成分的前提就是不能动摇公有制的主体地位，这是和保持社会主义的社会性质相提并论的。打破公有制的一统天下，可以发展非公经济，这在当时就已经是思想解放的重大突破了。

政策是随着实践的向前发展不断调整的，改革开放三十多年了，对很多问题应该是越看越清楚了。如果目前在所有制问题上依然是以公有制为主体或主导，就会对改革的进程产生不利的影响。十一届三中全会之后，全党工作以经济建设为中心。这对于摆脱以阶级斗争为纲是正确的，但是由于理解和执行的偏差，在地方政府的层面以经

济建设为中心日益变成为以 GDP 为中心了，这样以公有制为主体也就相应变成了使公营经济的增长成为 GDP 增长的主体，政府通过抓公营经济就掌握了经济增长的主体。这样一种格局是有诱惑力的。这些年来，党政主要领导抓项目、抓投资、抓经济增长率成为了他们的经常工作，抓一个什么项目就可引入多少资金、创造多少 GDP 成为了一种惯常思维。其实这些都是企业做的事情。在外国人的眼里，中国的政府官员越来越像企业家，原因就在这里。公营经济在实际上也正在日益成为官营经济。

作为一个有着两千多年封建专制历史的国家，官营经济有着深厚的历史传统。由于皇帝和朝廷被奉为禀承天命，因此神圣不可侵犯，封建文化的核心就是统治者与国家机器至高无上，只要以国家的名义，那就代表正统和正确。封建的农业社会长期以来重农抑商，商人被视为不仁不义，因此朝廷、官府来办经济就成了天经地义的事情。所以在封建社会的中国，官营经济一直是国民经济中最强大的力量。汉武帝时期先秦法家的继承者桑弘羊的《盐铁论》大概是主张官营经济最早的经典，桑弘羊认为私人经商、发财致富是发不义之财，所以应当发展官商以抑制私商。将铁、盐收归官营，这样就能限制私商和地方豪强获取过多的经济利益，增加中央集权的财力，从而增强朝廷对整个天下的集权统治。大家知道，盐是每一个人每天不可缺少的东西，朝廷控制了盐，不但得以维持民生，而且专营专卖可获丰厚利润，对支撑朝廷有莫大的好处。铁是农业社会最主要最重要的工业原料和工业产品，也是最重要的兵器原料，官营经济垄断了炼铁、制铁和铁器的买卖，对增强朝廷的统治当然极其重要。所以汉武帝时期，严禁民间煮盐、炼铁，由朝廷往各郡县委派专门官员，负责盐、铁的生产、收购、运输等任务。后来，这一做法也被各个封建王朝继承和仿效。不仅是铁和盐，只要朝廷认为是重要的，就可以官营或专营，有些项目要政府允许你干了，你才能干。广西北海市的海边白龙村至今仍有古代珍珠城的遗址，作为南珠的主要产地，朝廷专门在这里监督生产，设址收购，乱卖是不可以的。

对近代中国的发展产生了重大影响的洋务运动，也是清朝搞的官营经济。其代表人物李鸿章，为了学习西方发展近代工业，专门设置了一系列机构，如金陵机器局、江南制造总局、招商局等等，另一位大员左宗棠也建立了福建船政局。由于是官商合一，所以称为"局"。李鸿章还提出了官督商办的理论，"非商办不能谋其利，非官督不能防其弊"。经李鸿章授权，只能由特定的企业或财团从事某项生产经营，其他企业不得染指。上海的近代民族资本工业之所以从织布、面粉等轻工业起步，大概也有这方面的原因吧。这里的叙述只是用以说明洋务运动的官营色彩，不涉及洋务运动成败得失的判断。一个历史事件或历史进程其作用、影响必然是多维的、发散的，企图作唯一性的判断不是历史主义的态度。

我们今天为了贯彻"公有制为主体"的方针所采取的很多做法，例如发展一批公营企业成为行业主体，给予一系列的政策扶持，对许多行业实行准入制，很多项目或经济行为的审批制等等，其实和历史上封建朝廷官营经济的很多做法颇为相似，或者可以找到其中的痕迹。当然，历史是一定会有传承的，这不以人的主观意志为转移，而且历史上的一些做法如果今天仍有可供借鉴之处，当然也可以继续采用。但是官营经济对民间力量必定有抑制作用，而且必定会与民争利。这个我们在前面已经分析过了。封建社会官民是对立的，甚至是对抗的，朝廷为了维持自己的统治，搞官商确有必要。而到了社会主义的今天，国家和人民应该是一体的，那么是否还有必要这样做呢？其实今天应该是反官营经济之道而行了，如把这称为经济领域中的反封建也不会没有一点道理。凡是民企能够做的事情，公营经济就不必做，这样才体现一个社会的经济自由。但是，今天仍有把公营经济视为执政党的执政基础的论调，因此在这种论调的影响下公营经济不断挤占民企的市场空间。这种论调看似革命，实际上却是大大削减了执政党的执政基础，包含着严重的政治错误和封建主义的文化色彩。否则，就请来论证一下"民营经济不是执政党的执政基础"吧。

五、公营经济的正确定位与改革的非私有化取向

当今时代，世界各国几乎都有公营经济，而且其职能也基本相似，即提供公共用品，对整个国民经济起到保障的作用。这也是市场经济的内在要求，并非人为制定。另一方面，公营经济其实也来自于政府职能的延伸。我们已经告别了阶级斗争为纲的时代，国家机器或者说政府的主要职能已经从阶级镇压转变为提供公共服务，政府本身就是向全民提供的一个最大的公共用品。而政府所提供的公共服务，有许多是需要资金投入进行生产或建设才能形成的，这就成为了公营经济的使命。我们所谓的公有制代表全体人民的利益就应当现实地体现为公营经济的使命或职责是提供公共用品或公共服务，而不是什么赚钱。美国经济学家斯蒂格利茨对纯公共品的特征作了两方面的定义，其一，一项公共品提供出来之后，全社会所有人都可以享用，难以排斥任何人享受其益处。例如城市里建了一个开放式公园，即使只是驾车经过，也可享受到公园的绿色和景观，这是难以封闭的。其二，这种排斥之所以不合理是在于一些人对公共品的享用不会限制或减少别人对此的享用。从这个定义出发，大概只有国防是最典型的纯公共品了。在现实生活中政府所提供的公共用品如用上述两个特征去衡量，总是会有一定的弹性。深圳的大小梅沙海滩除了被

圈起来的地方，就是一个公共品，谁都可以去观光游览。但有限度，即以周边环境对人、车的容纳量为限。如果超过了这个限度，交警就会实行交通管制，一旦管制了，这个公共品的有限性就表现出来了。当然如果人车流量降下来了，管制就会取消，这时就又恢复为一个完整的公共品。城市道路一般也被认为是公共品，也存在同样的问题。

上述对公共品特征的定义也可以从另一个角度去把握，即作为公共品提供出来之后，消费者不用购买也可以受益。这就成为了公共品不适合私商来生产和提供的原因，这同时也就说明了公营经济不应以赢利为目标，而是以提供公共品满足社会需要为使命。

公共品的范围从来就不是很严格的，斯蒂格利茨作了一个很有意义的延伸，即对会导致自然垄断的行业也实行公营。所谓自然垄断是指生产规模越大，生产成本就越低，以至于一个行业可以只由一个或几个厂商来经营，这就是自然垄断。凡是需要铺设管网的行业这种特征最明显。例如电力、电讯、电视、给排水、燃气等。一套管网肯定比两套管网成本要低，但是如果真的由一个厂商来经营，由于没有竞争了，那他当然倾向于提高价格，结果是增加了整个社会的成本。所以，这些行业也应当采取公营，也就是说虽然提供的是私人用品，但由于市场失效，那么也应当考虑采取公营方式。

即使有的行业有明显的私人品的特征，但为了体现社会公平，提供必要的社会保障，也可以采用公营形式，如保险、信贷、教育、医疗卫生等等。而其他私人品生产领域一般不主张公营经济介入，一般认为公营经济效率低，另一个重要理由是公营经济进入竞争性领域后也会成为逐利者（以上相关内容引自斯蒂格利茨《政府经济学》1988年春秋出版社）。上述采用了公营的私人品由于对民生极为重要，有重大影响，笔者认为也可以视之为准公共品。在不同的国家或不同的时期，哪些重要的私人品采取公营方式来供给是可以有不同的，同时也是可以调整的。也会有一些行业，公营和私营并存，如何处理二者之间的关系就会变得复杂一些。例如某些私营企业长期亏损，但它提供的这部分物品是社会所必需，于是可能政府应该给予补贴，或者干脆把这样的亏损企业收购了，变为政府公营。

以上关于公营经济其主要职责在于向全社会提供公共品和准公共品从而对国民经济起保障作用的定位，我认为对于我们社会主义应当也是适用的。不同企业之间的相互关系，是由它们在产业链上所处的位置决定的。"以公有制为主体"后来又变成"以公有制为主导"这样一种主体或主导的说法，模糊了公有制企业即公营经济其职能和作用究竟是什么这个本质问题，模糊了它们在产业链上应当处在哪个位置这个根本问题。按照企业的经济成分来划分企业的市场地位，什么成分可以做什么，什么成分不可以做什么，这样一种划分和定位是不符合市场规律的，市场本身不会认这一套，因此其有效性也是经不起市场变化的考验的。所以我们应当调整以公有制为主体或主导的提法，明确公营经济的定位是通过提供公共品和准公共品对国民经济的发展和民生起到保障的作用。保障作用其实是非常重大的职责和使命，这样的定位比主体论更加贴近实际。一些持主体论的人常常将这个观点演变为公有制经济的产值一定要占 GDP 的一半以上，并以此来判断市场经济的社会性质，这其实是没有什么道理的。斯蒂格利茨指出，美国的公营经济大约占整个国民经济的百分之十几。

下一阶段国有企业的进一步改革是社会议论比较多的问题，改革首先就应当实现公营经济的准确定位，这方面的调整本身就是改革。与这种调整相联系，一些占据行业主导地位的公营经济尤其央企民营化的可能也时被提及。有关方面的人士似乎也并不排拒这样的提法。而一部分主张改革的人也长期持有这样的看法，他们认为对这些公有制国有企业改革的唯一方向就是私有化。将以上信息加以整合，社会上有可能存在一种预期：部分央企或其他公营经济在下阶段的改革中会民营为私有化企业。本人认为应当很明确地杜绝这样的预期，因为这很有可能成为国企改革的权贵资本主义陷阱。下阶段巨无霸的公营经济的改革，再延续前阶段抓大放小时对国有中小企业一卖了之的简单做法已经不适宜了。

首先，笔者一直不同意将社会主义条件下所有制的改革概括为"私有化"这样的主张，因为这不符合实际。私有化这个提法大约起源于上个世纪 70 年代后期英国保守党领袖撒切尔执政期间对国有企业进行的改造运动。但是英国官方从来没有对"私有化"作出过正式的定义，凡对国有企业进行的改造相关政策都可归纳到私有化这个口号中去。据说撒切尔本人并不接受这个提法，甚至在一段时间里拒绝使用这一概念，只是智囊们想不出更准确的概括而只好如此（参阅王皖强著《国家与市场——撒切尔主义研究》，湖南教育出版社 1999 年 12 月出版），因此我们可以说"私有化"是一个没有定义的概念。在英国保守党政府的实际操作过程中，"私有化"最经常用来指对国有企业资产的"出售"，而出售又包括将国企整体上市，内部经营者和职工购买持股，或由私人企业来并购等许多极不相同的做法。这样做的结果是英国民间持股人数不断增加，至 1990 年达到了一千多万人，所以又有人把这所谓的私有化称为大众资本主义，或混合所有制。尽管各种提法都有局限性，但我认为都比"私有化"要更为贴切一些。有意思的是和中国人一样，大多数英国人买股票也只是为了转手赚差价，并不真想当股东。此外，私有化虽然主要是指国有企业的改造，但当时英国政府把经济政策中所有推进市场化的措施都归到私有化的提法中去，连国营企业过去不收费的项目后来改为收费，也称为私有化。而且英国的国企私有化之后，在很多重要的企业之中，国家仍然保留有股份，仍然是持股人。所以私有化只是一场运动的称呼，运动的结果并不真的是私有化，只是非国有化而已。

所以，我希望主张将国企私有化的人明确说明你们的私有化的定义。如果说也是指将国企的一股独大改为多元化持股，那么这在严格的意义上并不是私有化。由于这是涉及重大问题的概念，所以不得不咬文嚼字。从本源的意义上来讲，一己之有方为私有，一个对象物一旦被私有了，就具有了排他性，别人不能再占有。所以把股份化称为私有化是不准确的。因为国有企业的资产股份化后向社会公众出售，只要符合购买条件的就都可以通过购买而持有。这种人人有份（虽然不会份份相等）的所谓私有化至多只是私有了他买的那一份，但却并不产生我有了你就没有的结果，不是排他的独占的私有，而是共同持有。如果把这种公众持股说成是私有化，那么可以反过来想，如果一个私企老板向经营骨干派股，甚至是向企业全体职工派股，结果企业的所有成员都成了股份所有人，这样的做法现实中已经很多，难道把这也称为"私有化"吗？可见"私有化"是一个很模糊的概念，并不是科学的定义。在关乎改革的重大政策上是不宜采用这种可以任意解释延伸的模糊概念的。

"私有化"的提法有可能使人的认识也变得模糊起来，在公营经济尤其是央企的改革中真的去上演一些私有的节目，这是应当十分警惕的。如前所述，不少央企是承担公共品或准公共品给社会的，特别是一些央企处在自然垄断的部门，它们都负有政府向社会提供公共服务的使命，因此不宜由私人财团来掌控。这一点应该毫不含糊地向社会讲得明明白白，从而杜绝一些私人财团准备接手央企的企图。

但是国有企业包括提供公共品的企业股权的多元化应该是改革必然要达成的目标，我们不主张私人财团介入，但是可以发展各种产业基金或者投资基金。目前经济下行，需求不足，闲资很多，而股市与房市似已失灵，这正是成立各种基金的大好时机，只要政策能加以引导，相信发展会很快。通过由基金购买国企的股份来实现股权的多元化。当然，很多企业中国有股依然会占相当的比例。

第十章

按劳分配的虚假性与
要素收入的正当性

分配是所有制的实现。如果把一种所有制的分配关系分析清楚了，那么也就有助于我们认清这种所有制的本质究竟是什么。因此重构社会主义的所有制理论，必定要求我们对社会主义的分配关系有新的认识。

▶ 一、现实中不存在按劳分配的条件

按劳分配被奉为社会主义的分配原则至今没有改变。这也是一个被高度意识形态化的概念，过去很长时期一直流行这样一种提法：社会主义就是公有制加按劳分配。和这种提法相联系，在很多情况下又把资本主义的分配关系简化为按资分配，这样，按劳分配就成为了体现社会主义经济制度本质特征的因素了。但在实际上，这个获得意识形态很高定位的东西却极为虚幻。

在马克思那里，按劳分配是作为消灭了资本主义之后的未来社会的分配原则提出来的，人所共知这出于《哥达纲领批判》。在这篇写出来很久以后才公开发表的名著中，马克思所设想的未来社会有这样一些特征。

第一，私有制已经被消灭了，生产资料属于全社会共同占有。

第二，商品生产已经被消灭了，这是因为实行了全社会单一的公有制。也就是说实际上把全社会当成了一个共同体，不同的产品所有

者相互交换各自产品的这样一种现象已经不存在了，因此凝结在产品中的劳动已经不必再采取价值这样一种社会形式了。

第三，除了消费资料，没有其他任何物品可以成为个人的财物。这也就是为什么社会主义的个人分配局限在消费品分配这样一个狭小范围的原因。

第四，由于劳动不必要表现为价值通过流通或交换按社会平均的标准来实现，因此个人劳动直接地就是社会总劳动的组成部分。这样，劳动者就得以"从社会方面领得一张证书，证明他提供了多少劳动。而他凭这张证书从社会储存中领得和他所提供的劳动量相当的一份消费资料"（《马克思恩格斯选集》第三卷第89页）。马克思指出这里通行的仍然是和商品等价交换的同一原则即等量劳动相交换。

这些构成了后人所指马克思的按劳分配。不难看出，马克思的这些分析和设想有比较明显的来自于空想社会主义的痕迹。也许和传统的评价不同，笔者并不认为《哥达纲领批判》是马克思对社会主义分配原则的正面的全面的论述。这篇文章只是针对《哥达纲领》中的理论错误进行逐条揭露和批判，因此理论的分析也就到把错误分析清楚为止。这是由这篇文章的使命所决定的。作为历史唯物主义者，马克思以及恩格斯在他们的青年时代撰写《德意志意识形态》的时候就已经十分清楚地认识到人类社会的发展以及未来社会的建设是不可能按事先的设想进行的，没有人能够这样做。以上这几条也只是从马克思在《哥达纲领批判》的相关论述中归纳出来的。但这样的归纳应当使我们认识到，按劳分配作为一条分配原则，它以一个结构性的社会整体经济关系为前提，如果这个结构中有缺项，按劳分配就不能成立。

很明显，人类社会创造不出来按劳分配的社会条件。从苏联算起将近一百年的时间了，社会主义创造不出来全社会单一的公有制，因此也不可能消灭商品生产，也无法使劳动不采取价值形式来表现和实现，这样也就不可能有马克思所指的那种按劳分配。而且，即使我们假设性地把社会装进上面的那个分析框架，按劳分配的有效性也是非常短暂的。

第一，如果是全社会单一的公有制，在初始阶段劳动作为整个社会唯一的分配的要素依据，是能够成立的。因为全部生产资料都已经全社会公有了，没有私有的生产资料了，每一个人在面临分配时需要与别人进行比较的只是自己的劳动，所以也就凭各自劳动的多少来参与分配。这在逻辑上是成立的。但是这种现象只是暂时的。

第二，劳动证书其实依然是货币。马克思设想未来社会的劳动者从社会领回一张证书，证明他提供了多少劳动。这个证书可以称为劳动券。其实那个时代的空想社会主义者在他们的乌托邦中就这样做过。我猜想这个劳动券必可计量，而且是按标准劳动时间来计量。例如一个标准劳动小时为一张券等等。很不幸，这个劳动券依然充当了个人劳动和他所想要的消费品之间的分配（也可视为交换）的媒介。马克思自己也说了，这里通行的依然是商品交换中等量劳动相交换的原则。所以，劳动券实际具备因而也承担货币的全部职能。例如价值尺度（在这里应当叫标准劳动时间尺度）的职能，当劳动者拿着劳动券到社会储存中去领消费品的时候，只要不是像兵营里那样全部相同的一人一份，那他就会看到：烤鸡一张券一只，住房一万张券一套等等。如果他领出一只烤鸡，那他就要留下一张券，这时候的劳动券不是流通手段又是什么呢？货币的其他职能也会一一展现出来。

另一方面，虽然马克思认为未来社会的分配是劳动者把自己付出去的劳动直接领回去，但劳动证书这个东西说明并不是直接领回去，而是要有中介。这恰恰说明即使全社会生产资料公有了，商品生产消灭了，劳动产品也无法还原为单纯的使用价值，它命中注定必定还有一重社会属性。如是商品，这个属性叫价值，如今认为它不是商品，那么这个属性就是标准劳动时间。这说明，不管是不是商品生产，只要是社会化大生产，劳动产品就必定具备社会属性，商品只不过是这种社会属性在一定历史阶段和一定历史条件下所采取的表现形式。而这种社会属性之所以不可避免，应当还是源于不同使用价值要相互交换的需要。是否可以这样认为，交换是比之于所有制更本源的商品原因。当然交换同时是不同所有关系的交换。由于未来社会的劳动产品依然具备社会属性，那么分配就不可能取代或消灭交换。例如我刚领出来一只烤鸡又不想吃了，我可以让给路上碰到正要去领烤鸡的人，让他给我一张劳动券。这不是商品交换又是什么呢？

第三，消费资料存在着转化为生产资料的可能，在公有制之外依然有可能产生出新的所有制。人所共知，劳动产品从物的有用性出发，可以在不同的使用价值目的上被使用，而有的劳动产品既可以作为消费资料，也可以作为生产资料，兼有这两方面的使用价值属性。例如建立在高度发达的生产力基础上的未来社会个人消费品中一定是会有汽车的，而一个从事复杂劳动的人或者劳动效率特别高的人手中会有很多劳动券，这样他可能会去领到好多辆汽车。另外同样的这种人可能去领到很多套住房，还有的人会领到很多条游艇等等，这样我们就可以看到新成立的出租车公司，小旅馆或游艇俱乐部等等。而有些家庭负担重，劳动券不够用的人，也许会利用业余时间去做兼职司机或者旅馆服务员等等。我们甚至可以设想，一个时髦女郎为了保持苗条的身材，每天发给她的面包她只能吃掉其中的1/4，这样她就能利用节余开出一个小小的面包坊，只收一半的劳动券以供给那些大肚汉或家里人口多的人。这些新经济体当然不是公有制的。

如此看来，社会主义即使建立了全社会单一的公有制并实行了按劳分配，一时间似乎把资本主义的商品经济和雇佣劳动消灭了，但以上的分析却使我们意识到刚刚从前门扫出去的东西要不了多久又可以无声无息地从后门进来。这并不是开玩笑，而是通过分析和推理能够得出的结论。我认为马克思对这一切应当是了如指掌的，而且那些空想社会主义者所进行的社会实验的失败他也不会不知道。只不过如前所述，马克思写《哥达纲领批判》只是为了对纲领中的理论错误进行揭露和批判，这篇文稿只在推理的意义上涉及对未来社会的分析。

以上的分析可以得出一个重要的结论：一切财产权利都是起源于劳动，劳动是最本源的最神圣不可侵犯的财产权利，但是这个本源的财产权利如果经历转化是可以派生出其他的财产权利的。社会主义革命消灭资本主义私有制，消灭雇佣劳动，把劳动者被剥夺的劳动的财产权利归还给劳动者，这是符合历史正义的。但是劳动的财产权利固然神圣，固然应该回归劳动者所有，但这并不意味着社会主义社会就只有劳动的财产权利。而按劳分配其实就是说社会主义只承认劳动的财产权利，这是行不通的。任何一个正常的社会，除了劳动的财产权利之外，必定存在其他的要素财产权利，或者说是物的财产权利。可以说物的财产权利也是天赋人权，是消灭不了的。在阶级斗争为纲的年代，我们一直和所谓的资本主义自发势力缠斗不休，而其实这个自发势力就是"野火烧不尽，春风吹又生"的物的财产权利。

物的要素的财产权利根源于物的产品的社会属性，即使消灭了商品经济也依然会存在，所以现实世界里的社会主义社会不存在把按劳分配当作全社会唯一的分配原则的可能。按劳分配其实是以取缔其他要素的财产权利为前提的，这样做的结果，伤害的是社会的全体成员。因为即使消灭了资本家，劳动者经自己劳动获得产品之后依然可能派生出正当的物的财产权利。

⟫ 二、荒唐莫过于把发工资等同于按劳分配

20世纪世界上不少国家通过革命建立了社会主义制度，这些社会主义国家无一例外地消灭资本主义的私有制，实行生产资料的公有制。虽然不能消灭商品生产，但着力限制和削弱商品生产，并准备将来有一天能够消灭它。与此同时在个人消费品分配上声称实行按劳分配。但这种现实的所谓按劳分配与马克思的设想相去甚远。

第一，在商品生产条件下，劳动者的劳动已经不能"直接地作为总劳动的构成部分存在着"。劳动必定要转化为价值，而价值只有在交换完成之后才能实现，这也就是说劳动者在走出生产过程期待通过分配获取自身劳动所得之前必须先等待交换的实现。而在马克思所说的未来社会中，生产和分配是直接相连的。因为社会直接调节社会总劳动，供给和需求直接相符合。而且全社会是一个共同体，又没有外星人，产品的实现不需要经过交换或流通，分配对劳动者而言只是把他给予社会的"领回去"而已。但现在是在从事商品生产，马克思早就说了，从商品到货币是惊险的跳跃，跳过去了价值才能实现，如果跳不过去，这部分劳动就没有得到社会的承认。加上价格与价值经常性的背离，交换这个环节使得劳动者的劳动有时候或有些被放大，有时候或有些又不幸被缩小，甚至消灭。如果劳动者的收入完全是由这一点来决定的，其实已经和他所付出的劳动没有直接联系了。这就已经不是按劳分配了，而是按实现的价值分配。

在现实经济生活中，劳动者的收入在一定时期里大体是稳定的，这就使得劳动者不大容易感觉到所谓按劳分配与实际上的按实现的

价值分配的区别。改革开放之前，虽然我们的政策一直在努力削弱和限制商品生产，但商品生产始终存在着，但这却并不妨碍人们一直认为自己在实行马克思所说的按劳分配。尽管上面的分析已经说明商品生产条件下根本不存在什么按劳分配，但我们依然把按劳分配当作社会主义的基本经济制度。这个认识到今天虽然有所调整，但也没有根本改变。我们竟然在这么长的历史时期里处在一种不真实的状态之中，这一点颇令人困惑。思想解放运动如果真想获得实质性的推进，很多认识要从源头开始清理才行。

第二，国家是相异于劳动者的另一个分配主体。马克思设想的未来社会的公有制，是联合起来的劳动者在全社会范围内共同占有生产资料，这是劳动者的直接占有，不必经过什么中介或代表。不管这种设想在现实生活中是否具备可操作性，但马克思就是这样设想的，而且这是他按劳分配的立论前提或基础。在那样的公有制条件下，劳动者是唯一的分配主体，劳动是作为分配依据的唯一要素。但是我们的公有制采取了国家所有制的形式，国家成为了相异于劳动者的另一个（其实是唯一的）所有制主体，因而也就成为了另一个分配主体，而且个头很大。在马克思设想的那个公有制中，劳动产品在作了各项必要的社会扣除之后，通过按劳分配而让劳动者全部领回去了，劳动者因而实现了自己劳动的所有权。但在国家所有制条件下，虽然我们的理论仍然把国家所得解释为依然是社会扣除，但实际情况并非如此。一方面，在分配过程中国家是以社会扣除的名义拿走了一部分收入（这些扣除后来是如何返回于社会虽然目前问题很多，但却不属于这里的分析范围），另一方面，国家还有另一个分配主体的身份即生产资料所有者的身份，这个身份却是以生产资料要素为依据参与分配的。所以在存在商品生产和国家所有制的公有制条件下，社会并不是只有劳动这一个分配要素，而是同时并存生产资料要素。国家实际上拿两份，通过税费获得名义上称为社会扣除的那部分收入，还以生产资料所有者的身份获得另一份收入，即利润。所以我们在讲按劳分配的时候不应当忘记国家作为另一个主体却凭生产资料要素拿走了利润。现在依然把按劳分配说成是社会主义个人消费品的分配原则，这话没有错，而且是马克思的原话，但马克思的个人消费品分配是他所设想的未来社会总产品的唯一分配，分配的是劳动者在作了社会扣除之后的全部劳动。马克思绝对不能想象与利润并存的按劳分配，因为这和他的理念有根本的冲突。所以与利润并存的个人消费品分配如果还叫按劳分配，那只能是一个重大的理论错误或理论误区。

第三，以上的分析说明马克思的按劳分配其实包括一个也许没有引起我们重视的前提：即劳动者得到的是他的劳动在作完社会扣除之后的全部，没有人再能够去分享本该属于他的劳动成果，这也是马克思主张公有制的根本原因。如果对马克思的革命理论有稍微系统一点的了解，应该认为马克思赋予社会主义革命最根本的任务或目的是要消灭雇佣劳动，这样无产阶级才能在这场革命中失去身上的锁链。马克思之所以主张社会主义实行生产资料公有制，那也是因为按照当时理解只有将生产资料归全社会共同占有，才能消灭凭藉对生产资料的私有来无偿占有工人创造的剩余价值这样一种使得工人丧失自己劳动的所有权的不合理现象。但现实的社会主义并没有按照马克思的设想来发展，依然存在商品生产，而且由于实行了国家所有制使得国家成为了有别于劳动者的生产资料所有者。

在这种情况下国家作为生产资料所有者获取的利润只能来自于劳动者提供的剩余劳动。仅凭这一点，现实社会主义社会的劳动者就没有把自己付出的劳动全部领回去。他所得到的依然只是自身劳动力的价值，只是劳动力的再生产费用。实际上我们也是毫无思想障碍地把社会主义劳动者的劳动所得称为工资。而工资范畴从其起源来讲恰恰是雇佣劳动。是不是又有人要急忙跑出来论证一番社会主义工资和资本主义工资的根本区别呢？这是没有用的。因为马克思在《资本论》中就已经指出工资有可能提高到多少包含一些剩余价值，但这只不过意味着必要劳动时间的缩短，而且资本家还可能通过减少消耗，提高劳动生产率等方法来加以弥补。所以，工资仍然是"维持和再生产这个劳动所必需的劳动部分，而不管这种维持和再生产的条件是较贫乏的还是较富裕的，是较有利的还是较不利的"（《资本论》第三卷第928页）。当今的发达资本主义国家，单户的住宅、汽车、接受高等教育、休闲、度假等都已经成为必要劳动的组成部分了，但这并不等于雇佣劳动制度的消失。同样，在社会主义条件下，如果要来论证国家并没有拿走全部剩余劳动，劳动者的工资也已经超出劳动力再生产的费用，这样做在理论上逻辑上没有什么障碍。我们可以认为社会主义社会劳动力的再生产是内涵的扩大再生产，但这改变不了国家与劳动者之间分配关系的本质。荒唐莫过于把发工资当作是按劳分配。这不是一个单纯的提法问题，这种错误的提法会使我们以为劳动者自己劳动的所有权已经实现，从而迷失所有制改革和分配关系调整所应当把握的正确方向。

对按劳分配的分析从这个侧面再次证明我们所搞的社会主义公有制其实质不过是国家资本主义，雇佣劳动制度并没有真正彻底消灭。也许国家资本主义正是人类20世纪社会主义的宿命。虽然经过社会主义革命消灭了资本家私有制，也明白应当建立公有制，但人们找不到劳动者在全社会范围内共同占有生产资料的具体办法和形式，只好由国家来代表全体劳动者掌管生产资料。这样公有制就变成了国家所有制，国家成为了相异于劳动者的生产资料所有者主体。并且用按劳分配的理论框架来描述实际上是从资本主义那里继承过来的工资制度。

三、分配的本质是要素财产权利的实现

马克思指出："分配关系和分配方式只是表现为生产要素的背面"(《马克思恩格斯选集》第二卷第209页)，这句话中的"生产要素"应该是已经获得了生产条件分配的规定性的生产要素，经过这个分配，这个要素在所有制以及在生产中的位置、作用、权利已经被确定了。在马克思看来，这些是无需赘述的，因为如果未经分配，机器、设备、土地等等只是置身于生产过程之外的物，而不是现实的生产的要素。马克思又说："参与生产的一定形式决定分配的特定形式，决定参与分配的形式"，"利息和利润作为分配形式，是以资本作为生产要素为前提的"，"同样……在一处作为生产要素的劳动所具有的规定性，在另一处表现为分配的规定，如果劳动不是规定为雇佣劳动，那么，它参与产品分配的方式，也就不表现为工资"(同上第209~210页)，马克思的这些分析说明，分配是由所有制来规定的，所有制一旦形成，分配的结构、分配的方式或形式也就已经确定了。用本书的观点来讲，所有制就是生产要素财产权利的相互关系，那么分配就是要素财产权利的实现。如果所有制的要素主体是一元的，那么分配的主体也是一元的，如果所有制的要素主体是多元的，那么分配的主体也就是多元的。生产的结构亦即所有制的结构决定分配的结构。

因此，一个生产要素不管是机器设备，还是土地，或者是劳动力，或者是别的什么，只要它作为生产的条件被组合进了生产过程，成为了所有制的构成因素，那么这个要素的财产权利主体就必然是

分配的参与者，必然要分享生产的成果。分配就是要素主体分享生产成果，分配的结果，即各个要素主体分得的那一份就可以称为要素收入。要素收入具有正当性，因为一个要素既然被作为生产的条件吸收进入生产过程，成为所有制的构成因素，并且在生产过程中实际发挥作用，那么这个要素及其介入生产的方式就是被相关方认可的，具备合法性，当然也就具备参与分配的权利。马克思的劳动价值论在分配问题上的意义在于揭示了分配的对象物在本源上就是劳动，只能是劳动，分配就是对劳动的占有，无论哪种要素其分配所得都是劳动的一部分。资产阶级的三位一体公式之所以遭到马克思的批判，就是在这一点上犯了庸俗倾向的错误，把利润当作是资本所创造，地租当作是土地所创造，而工人的劳动只是给自己创造了工资，从而掩盖了利润、地租都是来自于工人的剩余劳动。但是在分配问题上坚持劳动价值论也要防止另外一种倾向，即以为只有价值的创造者才能占有价值，从而排拒其他要素主体参与对劳动的分配，实际上否认了要素收入的合法性。非劳动的要素收入只要不是和奴隶劳动、农奴劳动、雇佣劳动相联系，那就是要素财产主体的正当权利。

但是在传统的社会主义意识形态领域，长期奉行不劳动者不得食的理念，这当然一方面和整个社会的生产力水平低下、整个社会不富足有关，但这样一种理念首先在道义上就否定了非劳动要素参与产品分配的正当性，实际上把要素收入与剥削混为一谈了。这同时也说明我们并没有真正理解清楚马克思对资本主义生产方式的批判。资本对雇佣工人剩余劳动的占有和我们这里所说的要素收入不是一回事，资本对剩余劳动的占有是违背商品生产所有权规律的等量劳动相交换的（它只是在表面形式上遵循），资本买了劳动力的使用权就在无形中取消了劳动要素参与剩余价值分配的权利，也就是取消了劳动要素的财产权利，把本来是对剩余价值的分享变成了资本独享剩余价值。这才是资本主义生产方式的不合理之处：抹杀劳动要素的财产权利。

　　从要素收入的角度观察，按劳分配其实也是一种特殊条件下的要素财产权利的实现，按劳分配是劳动要素的收入。按照马克思的设想，社会主义生产资料已经公有，在分配环节上存在差别因而需要比较的只是各人投入劳动的多少，所以按劳分配。马克思认为社会主义的公有制就是重建的个人所有制。资本主义雇佣劳动条件下的分配是资本独占的要素财产权利，而社会主义公有制条件下的分配是实现单一的劳动要素的财产权利，当然如同前面分析的，现实的社会主义社会并不是只有劳动这一个要素财产权利，所以物的要素依然要参与分配。

　　既然共产主义革命并不剥夺任何人占有社会产品的权利，既然现实的社会主义承认并保护公民个人的财产权利，那么通过社会允许的途径或手段运用自己私人的财产去获取收益就成为这个社会的正常现象。而且既然存款可以吃利息，炒股票可以赚差价，投资入股、办企业为什么就不可以呢？非劳动收入已经大量存在，未必都是不正当的。这些问题的提出说明在我们这个社会，对于公民的财产权利，对于要素收入或要素回报的正当性、合法性需要进行再认识和再肯定，这样才能清除疑虑，摆脱姓社姓资的纠结。

　　肯定公民的财产权利，肯定要素收入的正当性，有利于社会生产力的发展，这样做实际上就等于是在动员民间的投资力量加快整个国民经济的发展和社会进步。如果经济建设、投资、扩大再生产都只能由国家来承担，那么国家的投资能力是有限的。随着经济的发展和社会富裕程度的提高，民间拥有的财产与日俱增，现在社会上大部分人都是有产者了。如果不能很好地利用这些资源，那就不利于加快经济发展。农业社会为什么发展缓慢，几十年、几百年甚至上千年社会都没有多大的发展变化与这一点就有直接的关系。由于农业社会是自然经济，社会主要的生产方式和生活方式都是自给自足，因此消费的剩余亦即财产很难找到生产性用途。斯密在《国富论》中讲到过这方面的情况。在中世纪的欧洲，很多大土地所有者靠雇人耕种或收地租拥有了大量的剩余农产品（这就是他们的财富了），但这些剩余产品是找不到什么出路的。有的地主可能因此把地租减得很少很少，这样可以得到佃农的感恩与拥戴。而有的地主就在自己的庄园里每天都设宴请客，有的据说每天的客人数以万计，令斯密也感觉难以想象，但又认为即使有夸大，人数很多是可以肯定的。由于人多得坐不下，只好在大堂里铺上厚厚的干草，席地而餐。还有的干脆当街开宴，过往行人都有份，连乞丐也在被邀之列。而工业革命之后，社会化大生产的商品经济成为了社会生产的基本形式，这才打开了财产转化为生产要素的通道。对我们今天的社会主义中国来讲，要把这潜在动力转变为经济增长的现实要素，一个重要的前提就是要有政策的激励，允许个人将财产转化为生产要素，投入生产过程并且取得要素收入。

因此，要素收入本身不是问题，问题的重点倒是在于应该处理好物的要素收入与劳动的要素收入的相互关系，防止物的要素的财产权利侵犯劳动要素的财产权利，那样就会跌入资本主义分配的历史陷阱。

▶ 四、社会主义条件下劳动要素的全收入

让我们回到现实的社会主义社会中来。在存在商品经济和多元要素财产权利的情况下，如果劳动者在整个分配格局中被定位在通过所谓的按劳分配获得个人消费品的位置上，那绝不是一个美妙的

状态。我们甚至可以说这只不过是斯密的三位一体公式类似格局在新的历史条件下的再现。因为劳动者依然被排除分享剩余劳动的权利，而本来他应该最有资格。应当明确在多元要素财产权利并存的商品经济条件下，社会主义的分配原则不可能也不应该事实上也决不是按劳分配。

所谓分配，就是投入生产过程的要素所有者分享生产的成果获得要素收入或要素回报。这里面的关键是要处理好不同要素尤其是物的要素和劳动要素的分配关系，为此应把握好以前被忽视的两个环节。

第一，恢复劳动主体在所有制中的所有者地位，使劳动要素具有与生产资料要素平等的财产权利。无论是改革开放前的公有制还是改革开放三十多年来形成的多种形式的所有制，都是无视劳动要素财产权利的生产资料所有制，这样一种所有制的结构当然也就决定了分配的结构是生产资料要素的主体占有全部的生产剩余，这是一种劳动者缺席的分配。实际上改革开放之后城市劳动者在分配环节上的地位不如农民。农民在承包地上的劳动完全属于他自己，这是一个相当完美的在集体经济基础上重建的个人所有制，劳动的财产权利得到了完整的实现。这一点是我国的改革开放以及经济发展持续三十多年，虽然几经曲折但却仍然能够向前的一个重要基础，对这一点怎么评价也不会过分。但城市劳动者至今仍然没有完全实现自己劳动的所有权。只有推行全要素所有制，使劳动者凭藉劳本与生产资料所有者即物本所有者一样成为所有制的主体，这样才能恢复劳动要素的财产权利，在对生产结果的分享中恢复劳动者的席位。

第二，劳动者应当获得劳动要素的全收入。斯密的三位一体公式：资本—利润，土地—地租，劳动—工资如果只是把资本主义生产方式中各种要素和这种要素经分配所获得的收入作一个表面形式的展现似乎还是说得过去的，因为这种分配不管是否合理，是否体现事物的本质，起码在现象上是如此。但在这个公式之外斯密又往前走了一步，他说任何一个社会在一定时期内生产出来的社会总产品最终都要分解为这三种收入，也就是说社会总产品＝工资＋利润＋地租。这样的概括使他的理论陷入一种矛盾。其一，生产资料如何补偿自身在生产过程中的耗费呢？其二，社会总产品都分光了，再生产如何进行呢？这是难以自圆其说的。马克思指出："商品价值最终可以分解为工资＋利润＋地租"是"一个根本错误的教条"（《资本论》第三卷第 953 页），又指出"年产品的价值＝工资＋利润＋地租＋C（代表不变价值部分）"（同上第 944 页）。斯密不可能不懂得 C，不可能不懂得生产过程中耗费掉的生产资料必须要从社会总产品的相应价值部分来收回和补偿。笔者无法揣测这位经济学大师在作如此陈述时是秉持怎样的思路。但是我们只要把两个概括作一下比较：

$$社会总产品 = 工资 + 利润 + 地租$$

$$年产品价值 W = C + V + M$$

后一个公式是人所共知的，而且和马克思所列的"年产品的价值＝工资＋利润＋地租＋C（代表不变价值部分）"相同。W 在这里可以看作是社会总产品的价值表现，其口径与上一个公式中的社会总产品是一样的，C 代表在生产过程中所耗费的不变资本即生产资料价值，V 代表生产过程中所耗费的可变资本价值，即由雇佣工人生产出来的相当于自身工资的那部分价值，M 才是生产出来的社会总产品的新增价值，它相当于上一个公式中的利润＋地租。

斯密只陈列上一个公式，这会使人以为在社会总产品的分配中，和工人领到工资一样，资本家获得利润，地主获得地租，分配都是一次到位，各要素都是得到一笔收入。但是如果和第二个公式相对照，事情就不一样了。我们看到资本在直接生产过程中实际上拿了两次，第一次收回在生产过程中耗费的不变资本即生产资料的价值 C，以使资本得到补偿（当然 V 可以视为资本取回的预付的可变资本价值，但由于这部分与工人的工资相当，所以把 V 当作是工人所得到的工资也不会使事情的性质发生改变），而 M 即利润包括土地所有者的地租则是他们的第二次获取，是收回成本之后的赚取。这样再回望三位一体公式，三个要素的收入并列就不能成立了，因为作为劳动的回报的工资只相当于劳动力在生产过程中的消耗，也只是收回成本，但是在赚取这个环节上，有资本、有土地，却没有劳动的份，三者的并列关系其实是虚假的。不知道是不是这个原因，斯密才不展现第二个公式。资本主义的分配规则并不遵循商品生产的所有权规律，而是通行的资本占有规律，以劳动者无偿奉献剩余劳动为前提。

以上的分析同时也使我们认识到，在商品经济和要素市场化条件下，劳动要素的财产权利实际上分解为一个双层结构，在劳动力市场上让渡劳动力的使用权并不等于劳动要素的全部财产权利都被让渡，因为还有一个劳动力的所有权被悬置着。在雇佣劳动条件下，资本在劳动力市场上支付了劳动力使用权的价格，就视为买到了劳动力的使用价值。从资本的立场出发，劳动者既然出让了劳动力的使用权，而且收取了资本支付的买价，那么劳动力使用价值的被使用和被消费，就已经完全是资本的事情，与劳动者无关了。但是从劳动者的角度来分析，他出让劳动力使用权的所得仅仅是用来补偿自身在劳动过程中的消耗，而这个劳动所创造的新价值跟自己一点关系都没有，这完全是属于别人的劳动。劳动者不能占有自己付出的劳动，这怎么能视为是劳动力所有权的实现呢？在这个问题上，资本和劳动大概很难取得一致的认识。即使到了今天，资本主义也不会认为资本获得利润、工人领到工资有什么不对，只是要不断地把工资提高就行了。但是对我们来讲，恢复劳动者对自己劳动的所有权正是社会主义的使命。

在商品经济的社会化大生产条件下，生产资料要素主体只有在劳动力市场上通过招聘才能获得劳动力来从事生产。这就使得劳动要素的财产权利与生产资料要素的财产权利一样，应当经历两个环节的分配。首先，通过劳动力使用权的让渡获得工资，这只是第一步。在传统的生产资料所有制中，劳动要素的回报就到此为止了。但如果在全要素所有制的条件下，还有第二步，劳动者要凭劳本参与分红，这是凭藉劳动要素的所有权获取自己在剩余价值中应得的份额。工资＋分红才构成劳动要素的全收入，是劳动要素财产权利的完整实现，这也正是全要素所有制的意义所在。在目前生产力水平上，劳动者虽然不能直接占有公共生产资料，但可以凭藉劳动要素主体的身份与生产资料要素主体共同成为所有制的主体，从而进入为自己劳动和为他人劳动相统一的生产过程，实现劳动要素的全收入。这将是对雇佣劳动的真正告别。

后记

改革开放使我国的经济学研究走出书斋，成为了经世致用的显学。但是本来处在经济学科最顶端的对于生产关系的研究，多年来却显现不出系统的整体的成果。如果是在改革开放之初，我国传统生产关系的变革刚刚开始，很多东西需要随实践的发展作进一步的观察，那么在三十多年之后，应该是可以提炼出一些东西来了。

实践是够丰富的，但是思想仍然受到禁锢。社会主义就是公有制加按劳分配这样一个传统定见对于改革开放社会历史运动中萌发成长的现实的社会主义的生产关系提供不出有效的观察角度和分析范畴，在这样一个陈旧的理论框架中，人们往往无话可说或者找不到语言来说。这恰恰说明社会主义所有制理论的重建已经是时代的迫切要求，理论研究应该迎难而上。

本人在经济基础中已经浸染了二十年，算是有了些微实感。所有制问题本来就是实实在在的经济关系。从实际出发来研究问题分析问题，正是理论的来源。而如果从意识形态的定见出发，那只会走向死胡同。

这本书稿和以前一样，是在工作之余写就的。感谢林锦芝女士利用繁忙的工作之隙为我打印书稿，她已经习惯了我的潦草字，运指如飞。

感谢中国发展出版社，我的上一部书就是他们出版的。他们高效的工作，使我的劳动能够转化成产品。

感谢每一位接触到这本书的人，如果您能费心哪怕翻看书中的片断，我也非常高兴。只有在这个时候，我才是在收获我的劳动。

依然要向原中共陕西省委党校校长阮迪民先生和教诲过我的陈扬老师等表达敬意，在上一本书的后记中误"扬"为"杨"，未能校出，致歉。

孙浩

2012 年 11 月